Quanto falta?

Dicas para viagens em família
com crianças pequenas

Irina Fuhrmann

Quanto falta?

Dicas para viagens em família
com crianças pequenas

Paulinas

Dados Internacionais de Catalogação na Publicação (CIP)
(Câmara Brasileira do Livro, SP, Brasil)

Fuhrmann, Irina
    Quanto falta? : dicas para viagens em família com crianças pequenas / Irina Fuhrmann; [tradução Maria Luisa Garcia Prado]. – São Paulo : Paulinas, 2012. – (Coleção conviver)

    Título original: ¿Cuánto falta? Viajar con niños pequeños
    ISBN 978-85-356-3372-6

    1. Crianças - Viagens   2. Turismo   3. Viagens - Guias
I. Título.   II. Série.

12-12872   CDD-338.47

Índice para catálogo sistemático:
    1. Turismo e viagens com crianças : Guias   338.47

Título original da obra: *¿Cuánto falta? Viajar con niños pequeños*
© 2004 Parramón Ediciones, S.A. Barcelona, España.

Direção-geral: *Bernadete Boff*
Editora responsável: *Andréia Schweitzer*
Tradução: *Maria Luisa Garcia Prada*
Copidesque: *Mônica Elaine G. S. da Costa*
Coordenação de revisão: *Marina Mendonça*
Revisão: *Sandra Sinzato*
Assistente de arte: *Ana Karina Rodrigues Caetano*
Gerente de produção: *Felício Calegaro Neto*
Projeto gráfico: *Manuel Rebelato Miramontes*
Capa e diagramação: *Wilson Teodoro Garcia*
Ilustrações: *Gustavo Roldán*
Fotos: *© Yantra – Fotolia.com (capa)*
Ju Vilas Bôas (pp. 6, 80)

Nenhuma parte desta obra poderá ser reproduzida ou transmitida por qualquer forma e/ou quaisquer meios (eletrônico ou mecânico, incluindo fotocópia e gravação) ou arquivada em qualquer sistema ou banco de dados sem permissão escrita da Editora. Direitos reservados.

Paulinas
Rua Dona Inácia Uchoa, 62
04110-020 – São Paulo – SP (Brasil)
Tel.: (11) 2125-3500
http://www.paulinas.org.br – editora@paulinas.com.br
Telemarketing e SAC: 0800-7010081

© Pia Sociedade Filhas de São Paulo – São Paulo, 2012

Apresentação

Viagens e crianças são compatíveis? Certamente é a pergunta que muitos pais se fazem, depois de percorrer centenas de quilômetros carregando fraldas, mamadeiras e brinquedos, chegando ao destino com a roupa suja de papinha e uma criatura que não faz outra coisa senão chorar.

Essa deve ser a pergunta também daqueles que, marinheiros de primeira viagem, se encontram diante de um mar de folhetos espalhados pelo chão, tentando descobrir se existe algum lugar na Terra para onde poderiam viajar com esse incansável ser que têm em casa.

Em ambos os casos, a resposta é sim! Por isso embarcamos na ideia de escrever estas páginas: viajar com crianças é uma aventura maravilhosa que encherá de alegria, diversão e aprendizagem cada dia de suas férias. O único segredo é deixar o medo em casa, encher as malas de paciência e flexibilidade e, sobretudo, ter um desejo enorme de aproveitar cada momento.

Neste livro, vocês encontrarão conselhos que tornarão mais fácil a preparação e o planejamento do roteiro, algumas estratégias para tornar suportáveis os longos e monótonos trajetos e as fantásticas ideias que, uma vez no destino, não permitirão que tenham um minuto sequer de tédio.

Recomendamos começar com viagens mais curtas, o que não significa descartar o sonho de uma viagem mais longa ou ao exterior se a oportunidade se apresentar. O importante é não se esquecer de que a melhor estratégia para transformar essa experiência em uma aventura mágica será descoberta por vocês mesmos, com o passar do tempo.

Agora, apertem os cintos e... curtam a viagem!

Sumário

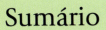

ANTES DA PARTIDA
1. Viagem sob medida 10
2. Quantos somos? 16
3. Mar ou montanha: a escolha do destino 22
4. Dormir fora de casa 30
5. Fazendo as malas 36

A CAMINHO: POR TERRA, MAR E AR
1. Por terra, de automóvel 48
2. Por terra, de trem e ônibus 58
3. Por mar, de barco 62
4. Por ar, de avião 68
5. Andando pela cidade 76

É BOM SABER...
1. Saúde 82
2. Segurança 90
3. Comes e bebes 100
4. Doces sonhos de viagem 108

CHEGAMOS!
1. Enquanto estivermos fora 114
2. Rumo à diversão 120
3. Companheiros de viagem 128
4. De volta ao lar 134

Parte 1

Antes da partida

- ① Viagem sob medida
- ② Quantos somos?
- ③ Mar ou montanha: a escolha do destino
- ④ Dormir fora de casa
- ⑤ Fazendo as malas

Está decidido: este ano vamos viajar juntos! Mas, se antes só precisávamos de uma prática mochila para sair sem destino, parece que agora a coisa ficou um pouco mais complicada. Planejamento e programação transformaram-se em requisitos indispensáveis para essa aventura, e quanto mais detalhes conseguirmos antecipar, mais fácil será para todos. Uma vez a caminho, descobriremos com surpresa o quanto as crianças podem se adaptar a qualquer circunstância, e também aprenderemos que, para que a viagem seja um sucesso, será melhor organizá-la de acordo com seu ritmo e suas necessidades.

Às vezes, pode parecer uma tarefa impossível programar as férias com nosso pequeno andarilho, mas não é preciso afligir-nos: viajar também é sinônimo de improvisação, e essa qualidade, somada a uma boa dose de paciência e alegria, deverá acompanhar-nos durante todo o trajeto.

Vamos então dar início a essa agradável travessia: foi dada a partida para nossa viagem em família.

1. Viagem sob medida

Pensar, obter informações e decidir

Aproxima-se a hora de decidir onde passaremos as férias com nosso filho e somos assaltados por todo tipo de dúvidas: Poderemos viajar para o exterior? Ele ficará enjoado em um cruzeiro? Será melhor acampar? Ele suportará o calor da praia? Conseguiremos descansar? Tantas indagações chegam a assustar, mas isso

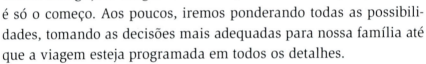

é só o começo. Aos poucos, iremos ponderando todas as possibilidades, tomando as decisões mais adequadas para nossa família até que a viagem esteja programada em todos os detalhes.

Uma boa forma de começar é pensar nos lugares que gostaríamos de visitar e considerar a hipótese de levar nosso filho. Devemos ser muito honestos conosco mesmos, reconhecer nossas verdadeiras necessidades de descanso e diversão, e avaliar se são compatíveis com as da criança, até encontrar um equilíbrio que satisfaça a todos os integrantes da expedição. Provavelmente será melhor adiar o *trekking* pelo Himalaia, até que nosso filho tenha idade para apreciar a aventura, e optar por uma viagem que combine visitas a museus e a parques temáticos.

Para ajudar-nos nessa decisão, podemos procurar o máximo de informações sobre os possíveis destinos que tenhamos em mente. Investigar e recolher todos os dados disponíveis em agências de viagem, consulados, associações e clubes, revistas, livros, guias de viagem e na internet. Recomendações de amigos e parentes também são úteis, já que o relato de quem já viveu essa experiência nos proporcionará ideias muito valiosas de lugares para curtir com nossos pequenos. Perguntar, perguntar e perguntar: quanto mais soubermos, maior será a probabilidade de acertar.

Mesmo tendo tudo planejado, será impossível evitar algumas surpresas de última hora, mas são elas que, na medida certa, tornam a viagem mais emocionante. Com boa vontade, entusiasmo e muita flexibilidade, conseguiremos superar todos os imprevistos e, o melhor de tudo, aprenderemos o que fazer na próxima aventura.

Bebezinhos e bebezões

Em se tratando de viagens, há quem diga que só existem duas variações: com ou sem crianças. Mas cada criança é diferente e cada idade pressupõe necessidades específicas. Viajar com nosso filho vai se transformar, então, em uma experiência nova a cada ano. Sejamos, pois, pacientes e saibamos esperar até que chegue o momento mais adequado.

Ninguém melhor que nós mesmos para avaliar quando nosso filho está pronto para determinada viagem. Entretanto, a classificação a seguir pode ser um guia útil:

- **De zero a nove meses.** Os bebês costumam ser bons companheiros de viagem, fáceis de agradar e surpreendentemente adaptáveis. Se estiverem com seus pais, que lhes proporcionam segurança, alimento e um lugar para dormir, certamente ficarão felizes. Para eles tudo é novo e, tanto em casa como fora dela, observarão com alegria e interesse tudo à sua volta.

  Para começar, convém escolher um destino tranquilo, onde possamos descansar e recuperar-nos dos primeiros meses de convivência familiar; um lugar em que o ritmo e as necessidades do bebê sejam respeitados. Devemos aproveitar ao máximo esse momento, já que em breve passaremos as férias correndo atrás de um incansável andarilho e, então, lembraremos com saudade como era delicioso viajar com nosso bebê.

  Um dos inconvenientes é sermos forçados a carregar uma grande quantidade de bagagem e acessórios que dificultarão nossa locomoção, de modo que será melhor escolher um local para nos fixarmos e, a partir dele, visitar os arredores. Com isso, evitaremos pelejar todos os dias com o berço desmontável e nos beneficiaremos de uma cozinha para preparar papinhas e mamadeiras e de uma lavanderia para a roupa.

Não podemos esquecer que também nós, os pais, estamos de férias; por isso, deixemos em casa o trabalho e as obrigações. Se isso não for possível, é melhor contar com uma ajuda extra.

- **De nove meses a três anos.** Quando as crianças começam a andar, o seu mundo e o nosso entram em convulsão. Os pequenos tornam-se incansáveis, com energia e curiosidade ilimitadas, enquanto os adultos se esgotam observando no que estão mexendo, para onde estão indo, o que estão levando à boca etc. Entretanto, essa é uma fase maravilhosa, na qual realizam suas primeiras e mais importantes conquistas: engatinhar, andar, falar e escutar. Então, por que não viajar?

  Se é assustador imaginar que passaremos as férias em estado de alerta contínuo, pode ser consolador pensar que em casa as coisas não serão muito diferentes e, com certeza, merecemos mais do que nunca alguns dias de descanso.

  Com crianças dessa idade é importante levar em conta alguns aspectos. Por exemplo: é essencial garantir a segurança tanto das acomodações internas quanto das instalações externas. Encontrar um local que apresente o mínimo de risco para nosso filho evitará maiores sofrimentos. Também será preciso pensar em atividades adequadas para ele, que necessita brincar, cantar, dançar... – enfim, divertir-se. Só assim conseguiremos que, à noite, caia exausto na cama e durma, depois da longa jornada do dia.

- **A partir dos três anos.** Para falar de viagens com crianças acima de três anos poderíamos escrever uma enciclopédia inteira, mas, por enquanto, nos limitaremos a observar que nessa idade o lado prático das férias se torna um pouco mais simples. Já aprenderam a proteger-se de alguns perigos, não solicitam o tempo todo a nossa companhia e gostam de brincar com outras crianças.

O mais interessante dessa fase é que a personalidade delas começa a tomar forma: expressam seus desejos e procuram encontrar um sentido para as coisas, razão pela qual é preciso preparar-se para dar conta de uma infinidade de perguntas, especialmente quando estivermos em ambientes e com pessoas diferentes. Nós pais, por outro lado, teremos nos libertado de muitos medos e preocupações que antes nos deixavam paralisados e adquirido confiança para empreender maiores aventuras juntos.

Frio ou calor

A época do ano e o clima do local de destino serão muito importantes na hora de escolher o roteiro. Na medida do possível, as temperaturas extremas e as épocas de chuva devem ser evitadas. Se viajarmos para países de outro hemisfério, teremos de nos preparar para a mudança de estação. Convém informar-nos sobre o calendário local (férias escolares, feriados etc.) e evitar lugares turísticos.

Férias para todos os bolsos

Trabalhamos o ano inteiro para poder desfrutar alguns dias de descanso, mas a que preço? Quanto podemos gastar? Se nos últimos meses tivemos muitos gastos, talvez agora nossas condições financeiras só permitam umas férias breves e em algum lugar não muito distante. Ou talvez não nos incomode renunciar a futuros caprichos em favor de uma viagem em grande estilo. Uma coisa é certa: nosso filho vai se divertir muito, independentemente do valor da viagem.

Ao contrário do que se costuma dizer, viajar com crianças não precisa custar caro. Os transportes públicos e locais turísticos costumam ser gratuitos ou oferecer tarifas especiais para crianças, a maioria dos hotéis concede-lhes descontos e, de acordo com a época do ano e o destino escolhido, o gasto com a viagem pode sair pela metade.

Entretanto, devemos levar em conta que, com crianças, o dinheiro some facilmente das mãos e será mais complicado viajar com um orçamento muito apertado. Além dos gastos básicos, teremos de satisfazer a maioria daqueles desejos irresistíveis, como sorvetes na praia, camisetas, bonés e lembrancinhas. Não é preciso estragar as férias com mau humor e sovinice, mas é necessário encontrar um equilíbrio, para não perder o controle com gastos extras. Além disso, devemos manter uma reserva para eventuais imprevistos, emergências ou despesas imperativas, como, por exemplo, um jantar servido no quarto do hotel enquanto a criança esperneia no berço, ou a reserva de uma suíte de luxo – a única disponível para passar a noite, já que o pequeno se nega a prosseguir viagem. Inclusive, nós mesmos também podemos decidir pagar um preço mais alto em troca de uma noite de verdadeiro descanso.

Relax

"A primeira lição que aprendemos quando viajamos com nossos filhos é relaxar, ter muita paciência e deixar as coisas fluírem."
(Nuria, mãe de Ana, dois anos)

Seis perguntas

Antes de o casal tomar uma decisão, é importante que cada cônjuge reflita alguns minutos sobre as perguntas a seguir e anote as respostas, para depois analisá-las juntos:

- Aonde quero ir?
- Quais são minhas necessidades? E as de meu cônjuge?
- Que tipo de viagem é mais adequado para nosso filho?
- Em qual época do ano queremos/podemos viajar?
- De quanto tempo dispomos?
- Com quanto dinheiro contamos?

2. Quantos somos?

Papai, mamãe e o pequeno

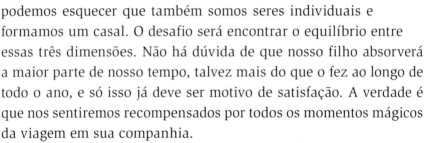

Não devemos nos sentir frustrados se estávamos sonhando em passar quinze dias descansando na praia lendo um livro e não conseguirmos passar da primeira página. Nossa responsabilidade como pais não tira férias, mas não podemos esquecer que também somos seres individuais e formamos um casal. O desafio será encontrar o equilíbrio entre essas três dimensões. Não há dúvida de que nosso filho absorverá a maior parte de nosso tempo, talvez mais do que o fez ao longo de todo o ano, e só isso já deve ser motivo de satisfação. A verdade é que nos sentiremos recompensados por todos os momentos mágicos da viagem em sua companhia.

Com nosso cônjuge, falaremos de nossos desejos e expectativas para as férias, não esquecendo de temperar esses dias com uma pitada de romantismo. Pode ser divertido recordar como eram nossas viagens antes da chegada do bebê, desde que as lembranças não sejam carregadas de nostalgia, para evitar tensões inúteis.

Por fim, reservaremos também alguns momentos para ficar a sós, praticar nossos *hobbies* e realizar sonhos.

Férias com toda a família

Avós, tios, primos... Se já era complicado organizar uma viagem para nossa pequena família, imagine assim, em comitiva! Calma, não vamos nos desesperar: a grande vantagem de viajar com outros membros da família é que podemos estabelecer turnos para tomar conta do pequeno. Até porque as crianças adoram ser o centro das atenções e ter ao seu redor uma legião de admiradores dispostos a distraí-las, enquanto seus pais podem se permitir um pouco de descanso.

Será importante que durante esses dias as responsabilidades de cada um em relação à criança sejam claramente estabelecidas, assim como os critérios de educação a serem seguidos. Dessa forma, evitaremos discussões e birras sempre que aparecer um carrinho de sorvete.

O aspecto mais positivo é que, quando as crianças compartilham sua vida com os avós e tios, começam a entender o conceito de família, geração etc., e se dão conta, por exemplo, de que seus pais têm irmãos e "outros pais".

Se tivermos mais de um filho e decidirmos empreender uma viagem familiar, será preciso encontrar uma fórmula capaz de agradar a todos, levando em conta as diferentes idades, interesses e necessidades... e estar dispostos a apartar as inevitáveis brigas dos irmãos, que no minuto seguinte estarão se divertindo juntos.

Férias com amigos

Outra opção de viagem é a que fazemos na companhia de amigos. Seja com outro casal, seja com um grupo maior, também poderemos contar com a colaboração de outras pessoas nos cuidados da criança, ao mesmo tempo em que compartilharemos os "micos" e as diversões da viagem. O único inconveniente, nesse caso, é que nosso ritmo talvez determine o de todo o grupo, obrigando-o a se adaptar às necessidades do bebê. Portanto, será mais divertido viajar com casais que também têm filhos, já que as crianças brincarão umas com as outras e os adultos poderão usufruir de alguns preciosos momentos de liberdade.

A sós com meu filho

Se nossas férias não coincidirem com as de nosso cônjuge, se formos divorciados ou mesmo no caso de famílias monoparentais, não há nenhum motivo para ficar em casa. Viajar sozinhos com nosso filho exigirá um pouco mais de esforço e organização, mas esse tempo juntos será extremamente enriquecedor para a relação.

Nessa aventura a dois, é muito importante não negligenciar nossas necessidades pessoais, já que, sem perceber, podemos acabar dedicando cada minuto ao nosso pequeno, tirando-lhe a oportunidade de descobrir que o papai ou a mamãe também tem vida própria.

Viajar em companhia de amigos ou familiares com quem possamos dividir responsabilidades, participar de uma excursão ou hospedarmo-nos em colônias de férias ou *resorts* que contem com equipe de monitores para as atividades infantis podem ser boas alternativas, que, além de tudo, nos possibilitarão conhecer pessoas novas com as quais compartilhar bons momentos. Afinal, tanto nosso filho como nós merecemos essas férias.

Por fim, não podemos nos esquecer da documentação exigida pelas autoridades para as viagens com crianças:

- **Viagens pelo Brasil.** Se a viagem for com um dos genitores, não é necessária autorização, mesmo em caso de pais separados. No entanto, se a viagem for realizada com avós, tios ou irmãos será preciso autorização judicial para os menores de 12 anos e um documento que comprove o parentesco dos acompanhantes.

- **Viagens ao exterior.** Para viajar com apenas um dos genitores, será necessária a autorização do outro, com firma reconhecida em cartório; com parentes, será preciso autorização de ambos os genitores, com firmas reconhecidas em cartório; para viajarem sozinhas ou com terceiros, as crianças menores de 12 anos devem portar documento de identidade e autorização judicial de ambos os pais. Em caso de falecimento de um dos genitores, o atestado de óbito deve ser apresentado.

Também é importante nos informarmos sobre a legislação do destino da viagem, inclusive no que diz respeito à concessão de vistos.

Independentemente do destino, precisamos levar a certidão de nascimento ou RG (original ou cópia autenticada) de nosso filho. No caso das viagens ao exterior, convém estarmos atentos ao fato de que o novo passaporte brasileiro, emitido desde 2007, não possui algumas informações de maneira visível (como a filiação, por exemplo). Por isso, é imprescindível que não só as crianças, mas também seus acompanhantes levem outros documentos, como carteira de identidade e certidão de nascimento (originais ou cópias autenticadas), para a checagem no posto da Polícia Federal.

Viajar com reforços

Pode parecer uma extravagância, mas viajar com alguém que cuide de nosso filho talvez seja a melhor despesa das férias, se esse for um luxo possível.

Se o pequeno já estiver acostumado com a babá, será bastante fácil e tranquilo. Mas também podemos contratar alguém apenas para a ocasião ou solicitar os serviços de uma babá depois de instalados em nosso destino. Nesse caso, deveremos combinar antes as condições de trabalho e deixar bem claras as responsabilidades da pessoa, para evitar conflitos e aborrecimentos. Além disso, é imprescindível verificar sua experiência e competência e, se possível, pedir referências.

Em breve seremos três

Estamos esperando um bebê e vamos viajar. Que maravilha! Com certeza estas férias serão lembradas como um momento muito especial, e no futuro poderemos contar ao nosso filho por onde ele passeou como "clandestino".

Entretanto, se o fato de esperar um bebê por si só já é uma situação inédita, viajar carregando-o na barriga pressupõe muitas outras indagações. Podemos ir de avião? Convém aproveitar para fazer nossa última viagem de aventura? A mãe gestante pode tomar vacinas? O que fazer diante de uma emergência?

Em primeiro lugar e antes de tomar qualquer decisão, é preciso fazer uma visita ao ginecologista. Esse profissional esclarecerá qualquer dúvida que possamos ter em relação ao nosso estado e nos aconselhará sobre a viagem mais conveniente e o que devemos evitar.

Normalmente, durante os dois primeiros trimestres de gestação, as mulheres podem escolher qualquer tipo de férias, desde que não façam esforços excessivos que poderiam prejudicar o desenvolvimento do feto. Porém, será bom aproveitarmos o tempo em um lugar fresco e sossegado, onde possamos nos preparar com serenidade para a nova etapa que se aproxima.

Não podemos esquecer que nosso apetite aumentará e que nos sentiremos mais cansadas, necessitando de repousos regulares. E como nem sempre é fácil manter uma dieta sadia e equilibrada fora de casa, será útil carregar na bolsa alguns lanchinhos saudáveis que forneçam os nutrientes necessários para nosso estado (frutas frescas ou desidratadas, barras de cereais etc.). Devemos ainda beber muito líquido, não esquecendo que cigarro e álcool estão terminantemente proibidos.

No último trimestre da gravidez, os riscos aumentam e, portanto, não é recomendável empreender longos deslocamentos, que nos distanciem demais de casa. Viajar transforma-se, então, em uma experiência um pouco mais complicada: desde a proibição de viagens aéreas a partir dos sete meses, aplicada por algumas companhias aéreas, até a recusa do visto de entrada em determinados países.

Seja qual for nosso estado, convém ter em mente o seguinte:

- A administração de vacinas durante a gestação é perigosa para o feto. Devem ser evitados os países que apresentam risco de contágio de doenças infectocontagiosas ou, caso seja possível prever, vacinar-se antes de engravidar.
- Ao viajar de automóvel, utilizar sempre o cinto de segurança próprio para grávidas, que evita uma pressão excessiva sobre a barriga. Se a viagem for de avião, o cinto deve ser afivelado o mais próximo possível dos quadris.
- Durante os deslocamentos, devemos esticar as pernas com frequência para evitar inchaços e varizes.
- Os números de telefone do ginecologista e do serviço de assistência médica local devem estar sempre à mão.

Crianças com necessidades especiais

Se viajarmos com uma criança que tenha alguma deficiência ou doença crônica, será conveniente consultar o médico para que ele indique o momento mais oportuno e os aspectos que deverão ser considerados durante a viagem. É muito importante preparar-se rigorosamente, uma vez que, além de necessidades muito mais concretas, teremos menos capacidade de improvisação.

Devemos fazer as reservas com antecedência e indagar sem receio todos os detalhes sobre o lugar de destino (particularidades alimentares, disponibilidade de remédios, dificuldades arquitetônicas, assistência médica) e sobre as condições do percurso e o meio de transporte a ser utilizado. Diversas associações e grupos de ajuda podem fornecer informações e aconselhamento para uma viagem bem-sucedida.

3. Mar ou montanha: a escolha do destino

Basta escutar a palavra "viagem" e aparecem em nossa mente todas aquelas paisagens que alguma vez sonhamos conhecer: praias de areias brancas e água cristalina, hotéis no meio da floresta, países de culturas exóticas etc. Entretanto, será que estamos preparados para ir a esses lugares com uma criança pequena? A resposta a essa indagação só pode ser dada por nós mesmos, já que, afinal, qualquer viagem é possível se os pais se sentem aptos a fazê-la.

Não podemos esquecer, contudo, que os pequenos têm necessidades básicas inexoráveis e que os pais são seres preocupados por natureza. De modo que, se quisermos ter férias agradáveis em companhia de nossos filhos, será melhor escolher um destino que nos garanta segurança e tranquilidade.

Já vimos que vários fatores determinam a decisão final: a idade da criança, as particularidades de nossa família, o tempo e dinheiro de que dispomos. Assim, depois de avaliar as características de cada lugar, poderemos optar por aquele que melhor se ajuste a nossa realidade e, se possível, seja a concretização de um sonho!

Vamos para a praia

Deitar na areia, sob o sol, ouvindo as ondas do mar é tudo que muitos de nós desejamos quando o verão se aproxima. Sobretudo quando há crianças em casa, a praia se transforma num lugar especial. As crianças adoram tomar banho de mar e brincar com a areia, enquanto a mamãe aproveita para se bronzear e o papai demonstra seus dotes de engenharia na construção de castelos ou de campeão de esportes de praia. À beira-mar, a distração está garantida.

Mas não vamos nos iludir! Em muitos lugares, praia também significa aglomeração, hordas de turistas e, sobretudo, calor. As temperaturas extremas, o risco de as crianças sofrerem insolação e se perderem entre um mar de guarda-sóis dão um tom negativo a alguns destinos litorâneos. Na medida do possível, devemos procurar as praias menos badaladas, onde ainda é possível encontrar conchinhas e estrelas-do-mar.

Com bebês com menos de seis meses não podemos esquecer que somente é possível ir à praia durante períodos curtos de tempo e que devemos evitar os horários de sol forte (entre 10 e 15h), o que, afinal de contas, é um hábito saudável para todos, independentemente da idade. Portanto, nada de frustração se voltarmos para casa sem um bom bronzeado. Quando as crianças crescerem um pouco, passaremos mais horas junto ao mar, usando um bom filtro solar e tomando muito líquido para evitar a desidratação.

Quando nosso filho já estiver andando, e se gostarmos da companhia de outras famílias, as colônias de férias ou *resorts* serão uma ótima opção, onde em um mesmo local são oferecidas inúmeras comodidades e serviços que garantem a diversão de crianças e adultos.

Quando viajamos por conta própria, é recomendável, antes de fazer as reservas, verificar alguns aspectos: a distância entre o hotel e a praia, a facilidade de acesso (ninguém vai querer atravessar a linha do trem para dar um mergulho), assim como os serviços disponíveis nas redondezas (restaurantes, supermercados, postos de saúde, lojas etc.).

A floresta encantada

Durante os meses de verão, a montanha pode ser uma boa alternativa às praias abarrotadas e à agitação das cidades. O contato com a brisa fresca e a calma do entorno nos permitirão passar alguns dias agradáveis e descontraídos com nosso filho. É o momento ideal para aproveitar e correr por campos e bosques, descobrindo com ele os pequenos segredos que a natureza nos reserva.

Se optarmos pelo turismo rural, encontraremos uma vasta oferta de hospedagem, desde albergues rústicos no meio da mata até hotéis-fazenda e pousadas, sem falar dos acampamentos ao ar livre, uma das opções mais divertidas. Antes de nos instalarmos em algum lugar, no entanto, é sempre bom verificar a distância até a cidade mais próxima, para o caso de urgências, e levar os suprimentos necessários para a estadia.

Embora haja quem acredite que a calma da montanha acabará entediando as crianças mais inquietas (ou seus pais), pode acontecer de não sobrar tempo para realizar todas as atividades disponíveis: pescarias, caminhadas, trilhas, passeios de bicicleta ou de barco, visitas a fazendas nos arredores, banhos de cachoeira etc.

Cidades fervilhantes

As cidades concentram em seu formigueiro humano elementos fascinantes e divertidos para todos os membros da família, de museus a parques temáticos e de diversões, além de uma infinidade de atividades e serviços especialmente destinados às crianças. Na qualidade de pais viajantes, nos sentiremos tranquilos por estar em um lugar com toda a infraestrutura para atender a qualquer necessidade de nosso filho: desde farmácias de plantão até restaurantes com cardápio infantil.

É importante levar em conta que as crianças não suportam temperaturas extremas e que, embora a maior parte dos estabelecimentos na cidade disponha de sistema de climatização, não aproveitaremos bem a viagem durante os dias de calor intenso do verão (quando até os próprios moradores saem das grandes cidades), ou durante os meses mais frios do inverno.

Explorar uma cidade em companhia de uma criança requer um roteiro de atividades descontraído, que combine, por exemplo, um piquenique no parque depois da visita à catedral ou um espetáculo infantil associado a um passeio histórico. Devemos aceitar que, para esses pequenos viajantes, nossos interesses culturais podem ser um pouco difíceis de compreender; por outro lado, sabem tudo sobre sorvetes, palhaços e brinquedos. Será muito interessante compartilharmos com eles nossas impressões, sempre usando uma linguagem acessível e compatível com a idade deles.

Uma última recomendação: para nos locomovermos pela cidade, o melhor é sempre usar o transporte público.

Férias em alto-mar

Hoje em dia é possível dormir em um camarote, jantar com o capitão e fotografar golfinhos do convés, sem precisar atravessar o oceano, graças às grandes companhias de cruzeiros. Cada vez mais famílias decidem passar finais de semana prolongados a bordo de um navio ou "hotel flutuante", já que nele podemos encontrar inúmeros serviços e facilidades: restaurantes, lojas, salão de jogos, internet, teatro, cinema, quadra de tênis, academia, discoteca, creche e posto médico, entre outros. Atividades lúdicas são oferecidas a todos os passageiros (especialmente às crianças) e podemos aproveitar o tempo participando de cursos de dança de salão, culinária etc.

A vantagem para as famílias reside em que, dormindo no mesmo quarto todas as noites e mantendo um ritmo regular de refeições e outras atividades, as crianças se sentirão confortáveis e em ambiente familiar. Entretanto, essa mesma regularidade nos horários também pode criar algumas complicações, já que com crianças os imprevistos são comuns. Flexibilidade é a palavra-chave. Por isso, antes de escolher a companhia, convém pedir informações sobre as atividades, os serviços e os horários a bordo, e escolher o cruzeiro mais compatível com a nossa realidade. E sempre pesquisar preços, já que muitas companhias de navegação oferecem descontos bastante atraentes para famílias com crianças.

Viagens internacionais: adaptação a outra cultura

Vivemos em um país de dimensões continentais, com grande diversidade étnica, biológica e de recursos naturais. A topografia brasileira inclui morros, montanhas, planícies, planaltos e cerrados, cujas condições climáticas produzem ambientes que variam de florestas a regiões semiáridas. O extenso litoral oferece praias lindíssimas, algumas mais inóspitas, outras bastante próximas de grandes centros urbanos. Opções para turismo doméstico, portanto, não faltam.

No entanto, talvez o destino que buscamos esteja no exterior, pela oportunidade de conhecer outros povos e culturas. Por que não começar a fazer isso com nosso pequeno viajante? As crianças facilmente entendem a diversidade do mundo e, com o passar do tempo, começam a apreciar as diferenças culturais, embora no início seja possível pressupor certo choque.

Para os pais, não obstante cruzar a fronteira às vezes signifique deixar para trás o conforto do lar e mergulhar em um lugar onde tudo é novo – o idioma, a comida, a moeda, a religião etc. –, é fantástico poder assimilar as novidades junto de nosso filho.

É importante preparar-se com calma, providenciando a documentação, passaportes, vistos e reservas, verificar a necessidade de vacinação e contratar um seguro de viagem. Convém sermos precavidos e evitar situações de risco ou nas quais a criança talvez sinta desconforto, escolhendo um país onde possamos nos comunicar minimamente em caso de emergência e evitando as zonas de conflito.

Parques de diversão

A magia de cruzar um portão e adentrar num mundo de sonho e fantasia, em que cada brinquedo desperta uma emoção diferente, é algo que jamais esqueceremos. Nem nós nem as crianças! Elas ficarão loucas ao descobrir que existe um lugar como esse e que, além disso, podem desfrutar de toda essa diversão ao lado de seus pais.

Atualmente, existem inúmeras opções no mundo dos complexos de lazer, desde os clássicos parques de diversão até os originais espaços

QUANTO FALTA?

> **Sem sair de casa**
>
> Sempre relacionamos o ato de viajar com malas, longas distâncias, acomodações e refeições fora de casa. Entretanto, a motivação verdadeira do turista é mudar a rotina e descobrir novos lugares. Seria possível, então, viajar sem ter de fazer as malas?
>
> Claro que sim! Só precisamos colocar em ação a nossa imaginação, flexibilizar os hábitos e inovar nas tarefas cotidianas. Em casa, por exemplo, podemos redecorar o quarto, aprender a cozinhar algo especial ou construir uma bancada de carpinteiro para nosso filho.
>
> Se moramos na cidade, podemos aproveitar para explorar lugares desconhecidos, fazer um *city tour* ou assistir a um concerto. Certamente deve haver inúmeras atividades infantis promovidas pela prefeitura e outras entidades, e se localizarmos uma piscina perto de casa, a diversão estará garantida!

temáticos. Ao escolher o destino, convém levar em conta a idade de nosso filho, uma vez que as crianças pequenas poderão ficar horas entretidas num carrossel, mas provavelmente não suportarão observar as quatro mil espécies de peixes do aquário durante a tarde inteira.

Não devemos nos preocupar com os aspectos práticos de uma visita a um parque temático; as crianças são os seus clientes preferenciais e encontraremos à disposição tudo aquilo de que precisamos: áreas de descanso, cardápios infantis, fraldários para os bebês etc. Há parques que também oferecem hospedagem, o que simplifica a visita, apesar de muitas vezes isso significar preços altos.

Se programarmos visitar um parque temático na alta temporada, será preciso um preparo mental para suportar filas intermináveis que podem chegar a desesperar a nós e a nosso pequeno. Portanto, sempre que possível, a baixa temporada é a melhor opção, pois mesmo que nunca estajamos sozinhos, minimizaremos o cansaço e o mau humor provocados pelas aglomerações.

Pacotes turísticos

As excursões e os pacotes turísticos, nos quais tudo está incluído e os passeios são previamente organizados, nos livram de muitas responsabilidades práticas com a viagem. Para algumas famílias, essa facilidade pressupõe um alívio, especialmente ao visitar países em que encontram dificuldade de comunicação. Contar com um guia local e uma infraestrutura contratada com antecedência (que inclui deslocamentos, acomodações e refeições) poupa tempo e energia, que poderão ser usados para aproveitar mais e melhor a experiência ao lado de nosso filho.

As agências de viagem e profissionais da área de turismo nos ajudarão a encontrar um programa apropriado para nossa família, ou, se for conveniente, elaborarão um roteiro sob medida. As opções menos recomendadas com crianças são as viagens em grupo. Determinados roteiros não aceitam a presença de menores ou, se formos a única família no grupo, poderemos acabar nos sentindo presos ao ritmo dos demais. Também devemos levar em consideração os companheiros de viagem, já que nem todos gostam de crianças.

Os detalhes de cada programa devem ser analisados detalhadamente, o contrato lido com atenção, inclusive as letras miúdas, e providenciadas com antecedência as reservas de qualquer serviço especial que possamos precisar (berço, carrinho para deslocamentos, horário flexível de refeições etc.).

Parabéns!

"Fizemos questão de que nossa filha comemorasse seu primeiro aniversário de modo muito especial e a levamos ao aquário. Bem na hora de começar a apresentação dos golfinhos – que é o que mais gostamos –, ela adormeceu profundamente. O problema é que nós, pais, acreditamos que podemos prever os acontecimentos!"

(Pilar, mãe de Emma, um ano)

4. Dormir fora de casa

Quando não tínhamos filhos, podíamos cair exaustos sob qualquer teto que o destino nos preparasse. Agora, esse item transformou-se em algo extremamente importante, já que, com crianças, precisamos de uma acomodação confortável e prática, na qual possamos nos sentir em casa.

Na maioria dos destinos turísticos encontraremos uma grande diversidade de hospedagem, desde hotéis e pousadas até apartamentos, pensões e campings. Sem falar das diferenças no preço e conforto das instalações: cada um deles nos proporcionará diversos graus de intimidade familiar e liberdade para manter nosso próprio ritmo. Novamente, a questão é encontrar o que melhor se adapte a nossa realidade.

Hotéis: o conforto do serviço de quarto

Existem hotéis no mundo todo, de todos os tipos e categorias: estabelecimentos de luxo, pensões, castelos, pousadas, *resorts* de praia, complexos turísticos etc. A escolha por um ou outro dependerá das possibilidades do lugar e de nosso orçamento, sendo que os hotéis, em geral, costumam ser um pouco mais caros do que outros tipos de hospedagem. A vantagem é que teremos mais conforto, com comida servida à mesa, e não precisaremos nos preocupar com tarefas domésticas, como arrumar a cama.

O hotel deve ser reservado sempre com antecedência, sobretudo quando viajamos com crianças e temos necessidades especiais, como um berço ou uma cama adicional no quarto. Obter informações sobre os horários do restaurante, disponibilidade de serviços de babá, *playground*, piscina e demais atividades para crianças ajudará na escolha do estabelecimento mais adequado.

Convém levar em consideração que a maioria dos locais oferece tarifas especiais para crianças pequenas ou permite que durmam no quarto dos pais sem custos adicionais. Mesmo assim, embora acomodar-se em um hotel possa ser bastante satisfatório para aqueles que desejam descansar, o fato de não dispormos de cozinha e estar condicionados aos horários e cardápios do restaurante pode dificultar as coisas quando se viaja com um bebê.

Apartamentos e casas: as vantagens do aluguel por temporadas

Alugar um apartamento é, talvez, o meio mais prático e econômico para as famílias que desejam passar algum tempo fora da cidade. Existe uma vasta oferta de aluguel de apartamentos e casas por temporada, cujo preço varia em função da localização (de frente para o mar ou no centro histórico da cidade) e dos serviços opcionais com que conta (piscina, jardim, limpeza, portaria, garagem etc.).

Essas informações devem ser obtidas antes, para avaliar a adequabilidade do local. Por exemplo, no verão é bom ter uma piscina à disposição, mas se ela não estiver devidamente cercada e nosso filho já souber andar, provavelmente ficaremos preocupados a maior parte do tempo.

Alugar um apartamento nos permitirá adaptar o espaço e os horários de acordo com nossa conveniência e, além disso, preparar as comidinhas mais apropriadas para o pequeno. Embora não possamos evitar os desastres que o pequeno provoca na hora da papinha, isso pode ser melhor do que ele se recusar a comer por estranhar os alimentos ou o tempero. No entanto, é preciso tomar cuidado para não nos tornarmos escravos do nosso lar provisório. Sempre que possível, vale a pena contar com um serviço de faxina e dividir as tarefas domésticas com nosso cônjuge. E por que não ensinar o pequeno a guardar seus pertences?

Pensões: compartilhando tradições

As pensões e os famosos *bed and breakfast* são alojamentos turísticos geralmente administrados por uma família que compartilha uma parte de sua residência com o visitante. Algumas só alugam quartos, outras oferecem um apartamento com cozinha própria, mas todas têm em comum a vantagem de nos acolher em um ambiente familiar. Esse aspecto é especialmente atraente para aqueles que querem conhecer o estilo de vida do local e conviver com seus habitantes.

Muitas dessas hospedagens se localizam na zona rural, longe do corre-corre da cidade, e são autossustentáveis, graças à atividade agropecuária. Será uma boa ocasião para mostrar para as crianças de onde vem o leite, o mel ou as verduras.

Antes de escolher o local para se hospedar, é importante perguntar sobre as instalações de que dispõe, assim como as facilidades oferecidas para as crianças (berço, cadeira de alimentação, *playground* etc.).

Devemos fazer a reserva antecipadamente e especificar que levaremos nosso filho, já que a presença de crianças pequenas pode ser incômoda para quem viajou em busca de paz e tranquilidade, sobretudo em estabelecimentos onde se dividem espaços comuns com outros hóspedes. Sem dúvida, ficaremos muito mais à vontade em um local onde haja outras crianças.

Camping: dormir sob as estrelas

Embora para alguns pais pareça uma aventura audaciosa demais, dormir em uma barraca de camping será a experiência mais emocionante do verão para a maior parte das crianças. O melhor de tudo é que estaremos cercados pela natureza, e gastando pouco.

A opção mais ousada é o acampamento ao ar livre, mas isso exigirá uma preparação muito detalhada e inclusive, se possível, algum treinamento prévio (acampamentos nos fins de semana ou no quintal da casa). Ainda que não haja uma idade mínima para acampar, convém saber que crianças pequenas costumam se assustar por dormir ao ar livre (será preciso transmitir-lhes confiança e ficar perto delas), enquanto as maiores se sentem poderosas dentro da mágica cabana de lona.

Se nos instalarmos em um lugar isolado, precisaremos levar em conta o suprimento de água potável e estar preparados para possíveis variações climáticas. Antes de sair, convém informar-nos sobre as leis específicas do local, já que algumas exigências – como licenças para acampamento, reciclagem de materiais, proibição de acender fogo e demais normas – podem variar de acordo com a região. Respeitemos a natureza e as próximas gerações nos agradecerão.

Outra possibilidade um pouco mais prática é instalar nossa barraca ou trailer em um camping. Em troca de alguns confortos (chuveiro, banheiros, restaurantes, loja de conveniência e piscina), renunciaremos à liberdade de viver em plena natureza e a alguma privacidade. De uma coisa podemos estar certos: nosso filho não se entediará durante as férias e voltará para casa tendo feito mais de um amigo.

Lanchas e veleiros: casas flutuantes

Navegar em alto-mar ou por rios e canais tranquilos, alugar um veleiro ou pilotar nossa própria lancha... O que mais fascina nessas opções é a possibilidade de passar alguns dias em uma casa flutuante – desde que estejamos com todos os nossos pertences a bordo e tenhamos acesso a um banheiro, a uma cozinha e a uma cama onde o pequeno possa dormir.

Do mesmo modo que nos *trailers* e *motor homes*, há limitação de espaço e, por isso, será conveniente deixar em terra tudo que não for imprescindível, até mesmo os objetos infantis.

Estando em uma lancha é muito importante respeitar a todo momento as normas de segurança no mar e evitar correr riscos desnecessários. Se alugarmos uma lancha por meio de uma companhia de navegação, será preciso verificar se a embarcação tem os dispositivos de segurança apropriados e se estão em bom estado (botes, coletes salva-vidas, lanternas e radar), e, antes de zarpar, entrar em contato com o serviço meteorológico e perguntar sobre as condições no mar. E não podemos nos esquecer de levar em nossa caixa de primeiros socorros algum remédio para enjoos.

Com a casa nas costas

Além da liberdade que nos proporcionam, a principal vantagem dos *trailers* e *motor homes* é que nos deslocaremos carregando tudo: desde os potes de papinha do bebê até a piscina inflável.

É possível encontrar veículos de diferentes tamanhos (de dois, três, quatro e até dez lugares) e com o mesmo nível de conforto de um pequeno apartamento: cozinha, banheiro, dormitório e sala de jantar.

Viajaremos sem horários e poderemos parar onde quisermos, adotando o ritmo de viagem mais conveniente: um verdadeiro hino à liberdade. Será possível percorrer longas distâncias sem ouvir uma única reclamação, embora as crianças aproveitem mais quando permanecem num mesmo lugar por alguns dias.

Devemos lembrar sempre que, tanto no carro como no *trailer*, as crianças pequenas devem viajar em suas cadeirinhas de segurança.

Babá de ocasião

"Explicamos a Lola que a dona da pensão nos acolheria em sua casa durante alguns dias, cozinharia para nós e tomaria conta de nós. Logo fizeram amizade e até pudemos deixá-la algumas vezes sob seus cuidados."
(Ester, mãe de Lola, de dois anos)

5. Fazendo as malas

Chegou a hora de arrumar a bagagem e somos assaltados por grandes dúvidas sobre o que levar e o que deixar. O triciclo vai? Quantas fraldas serão necessárias? E chupetas? Convém levar o carrinho?

Dificilmente encontraremos as respostas a essas perguntas em um livro, uma vez que somente a experiência nos mostrará o que podemos prescindir na próxima viagem. Entretanto, cinco "regras de ouro" nos ajudarão a tornar a bagagem mais leve:

- Entender que somos nós que viajamos e não os objetos. Desapegue-se das coisas inúteis e aproveite esses dias para aprender a viver com menos, sem que isso signifique um sacrifício ao conforto.

- Aceitar que carregaremos muito mais coisas para nosso filho do que para nós mesmos. Não existe uma relação de proporcionalidade entre o tamanho do viajante e o volume da bagagem.

- Reconhecer que nunca poderemos prever tudo que vamos usar, até que realmente precisemos de determinada roupa ou objeto. Felizmente, hoje em dia é possível encontrar de tudo na maioria dos destinos turísticos.

- Considerar que muitos acessórios infantis usados neste ano já estarão em desuso nas próximas férias. Uma boa solução será alugar ou pedir emprestado alguns deles a parentes e amigos.

- Preparar a bagagem com tempo suficiente para não esquecer de nada. As listas e anotações são sempre muito úteis para os mais desligados.

O guarda-roupa de férias

A primeira coisa a considerar quando escolhemos a roupa que levaremos na mala é o clima e a temperatura do lugar de destino, e também o tipo de viagem que faremos. Assim, por exemplo, para passar alguns dias na praia, será suficiente o maiô e algumas peças leves, ao passo que, se formos a uma cidade onde faz frio, deveremos levar uma boa quantidade de roupas quentes.

É importante procurar calcular a quantidade de roupa necessária em função da periodicidade com que poderemos lavá-la. As crianças se sujam com facilidade, sobretudo quando passam o dia brincando ao ar livre, e se passarmos cada noite em um lugar diferente, em pouco tempo poderemos ficar sem roupas limpas. Talvez seja melhor optar pelo "uniforme": vestir a criança com uma roupa velha e confortável, para que possa brincar e se sujar à vontade, sem estragar as férias das mamães, preocupadas com manchas e encardidos.

Devemos também estar preparados para mudanças bruscas de temperatura, evitando o uso intenso de ar-condicionado ou aquecedor, que podem causar resfriados durante as viagens.

Uma boa medida será vestir a criança com várias camadas de roupa que poderemos ir tirando de acordo com as exigências do momento. Tanto em climas frios como em quentes, nunca poderemos esquecer-nos de proteger a cabecinha da criança com um chapéu ou boné apropriado.

Resumindo, providenciaremos para nosso filho um guarda-roupa mínimo, prático, simples e adaptável às diferentes situações que encontraremos durante a viagem.

Sobre rodas: carrinhos de passeio

Cada viagem, cada criança e cada pai e mãe determinarão a escolha de um ou outro modelo de carrinho, mas será muito importante que a escolha se ajuste ao máximo às necessidades de nossos deslocamentos, as quais talvez surjam inesperadamente. Por sorte, hoje em dia, os modelos multifuncionais evitam ter de carregar várias cadeirinhas.

- **Moisés ou bebê conforto.** Os bebês mais novinho passam a maior parte do tempo dormindo, por isso é muito prático ter um moisés ou um bebê conforto. No carro, podemos utilizar o modelo aprovado para bebês com menos de dez quilos, que deve ser colocado no banco de trás, sempre preso ao cinto de segurança. Além de tudo, o bebê conforto tem a vantagem de poder ser adaptado a uma estrutura com rodas.

- **Carrinho.** Admite uma ampla gama de acessórios (capotas, cestas porta-objetos, capas para chuva, mosquiteiros etc.). Com o carrinho podemos levar o bebê sempre conosco, sem necessidade de interromper seu descanso, e inclusive durante a noite poderá servir de berço. Apesar de ocuparem bastante espaço e serem pouco flexíveis, não podem faltar nas viagens com bebês.

- **Cadeirinha.** À medida que a criança cresce, sua postura vai ficando mais ereta e ela consegue ficar sentada enquanto observa o que acontece à sua volta. As cadeirinhas que fazem parte de sistemas modulares são polivalentes: podem ser usadas como assentos de segurança no automóvel (se forem aprovadas para tal uso), como cadeiras de alimentação ou para brincar, olhar livros de histórias e passar o tempo. Uma peça-chave em nossa viagem! Recomenda-se o modelo tipo guarda-chuva, mais leve e compacta, embora menos acolchoada (podemos forrar com uma mantinha e usar um apoio para a cabeça). É importante verificar sempre se a cadeirinha está bem aberta, as travas acionadas.

- **Cangurus.** Graças a esse sistema, levamos o pequeno viajante colado ao nosso corpo, o que nos permite máxima liberdade de movimentos. Atualmente existem modelos muito confortáveis para carregar os bebês a partir dos quatro meses (com suportes especiais para a cabeça) e modelos mais resistentes ou até com rodas para bebês maiores. Os *slings* de tecido, amarrados em volta do corpo, também são uma boa opção, desde que sejam feitos de material resistente e permitam ajustes.

Esses sistemas são os mais indicados para as caminhadas pela montanha ou quando precisamos ter as mãos livres, por exemplo, em aeroportos e rodoviárias. Naturalmente devemos estar aptos a suportar o peso de nosso filho, não esquecendo que, de todo modo, pode ser conveniente levar a cadeirinha ou o carrinho para as horas de descanso.

Limpos e arrumados

Viajar significa mudança de hábitos e costumes; entretanto, existe algo que pouco varia durante esses dias: os cuidados de higiene de que nosso filho necessita.

Não importa onde estivermos, teremos de trocar a fralda e dar banho com a periodicidade habitual. Algumas vezes será tão fácil quanto em casa; outras, teremos de nos arranjar em espaços reduzidos, banheiros públicos e talvez até com escassez de água.

Vamos por partes e, antes de começar a encher a mala de volumes, analisemos alguns detalhes:

- **Fraldas.** As fraldas descartáveis podem ser compradas na maior parte dos países, o que nos libera de levar grandes volumes na bagagem. Entretanto, se nosso destino é um lugar isolado ou se não estamos dispostos a arcar com gastos extras, devemos levar a quantidade necessária para o período da viagem. Como são leves, os pacotes podem ser despachados junto com a bagagem no avião. Usar fraldas de pano, além de ser a opção mais ecológica, pode resolver o problema de espaço (mas não o tempo que passaremos no tanque).

Durante os deslocamentos, levaremos na bagagem de mão a quantidade de fraldas suficiente para a viagem – aproximadamente uma a cada três horas –, o trocador portátil ou uma toalha, uma muda de roupa, lencinhos umedecidos e sacos plásticos para as fraldas sujas. Dispor de uma lixeira para fraldas usadas, que elimine cheiros e bactérias, pode ser muito útil quando já estivermos hospedados.

- **Penico.** Se por ocasião da viagem nosso filho estiver aprendendo a usar o peniquinho ou até mesmo o sanitário, será um tanto difícil manter os mesmos hábitos. Poderemos ajudá--lo levando conosco o penico ou um adaptador para o vaso sanitário.

- **Banheira infantil.** Durante muitos anos, os banhos dos bebês foram dados na pia ou na banheira dos adultos, sempre bem seguros nos braços das mamães. Hoje em dia, existem opções muito menos complicadas, como as banheirinhas, baldes, piscininhas infláveis e até duchas ao ar livre nos lugares quentes. Conclusão: a banheirinha fica em casa, mas o patinho de borracha vai.

- **Chupeta.** Vamos esquecer as controvérsias a respeito do uso da chupeta e ser práticos: se nosso filho tem esse hábito, não será durante uma viagem de férias que iremos modificá-lo! Como a chupeta tem a função de acalmar, atendendo às necessidades de afeto e segurança do bebê, durante uma viagem ela pode ser bastante útil, já que muitas vezes nosso filho pode estranhar o ambiente ou algo que saia de sua rotina. Então, sempre nos lembrando de usar apenas os modelos ortodônticos e do cuidado com a higienização, não vamos nos martirizar por oferecer a chupeta à noite, se nosso filho estiver chorando muito sem conseguir dormir, ou para apaziguar a urgência da fome diante de um restaurante fechado. Quando voltarmos para casa, podemos pensar se já está na hora de tirá-la, sem estresse nem traumas.

Frasqueira do bebê		
Para o banho	Para a pele	Para o bumbum
• xampu neutro; • sabonete neutro ou de glicerina; • esponja; • toalha ou roupão de banho; • pente ou escova.	• creme hidratante; • água de colônia.	• algodão; • garrafa térmica com água morna; • lencinhos umedecidos, para bebês não alérgicos ao produto; • pomada antiassaduras; • fraldas em quantidade suficiente.

Utensílios de cozinha

Ser obrigado a carregar na mala quilos de papinha, latas de leite em pó e potinhos de comida pode ser desesperador e nos fazer mudar de ideia quanto à viagem. Vamos com calma! Com algumas dicas, que tornarão mais simples a tarefa de alimentar os pequenos fora de casa, não é preciso desistir das férias!

- Se nosso filho estiver tomando algum tipo de leite em pó ou fórmula, teremos de levar o suficiente para todos os dias ou consultar nosso pediatra sobre marcas alternativas. Na maioria dos lugares é possível encontrar leite com propriedades nutricionais equivalentes; entretanto, talvez seja um pouco trabalhoso acostumar o bebê em tão pouco tempo. Como prevenção, podemos introduzir novos sabores antes da partida.

- Duas ou três mamadeiras de plástico são suficientes, sem nos esquecermos de realizar a limpeza e esterilização completa, usando esterilizadores químicos a frio quando não for possível fervê-las. Embora o legítimo bebê-viajante seja aquele que toma a mamadeira em temperatura ambiente, podemos levar um aquecedor de mamadeiras para ligar no acendedor do carro ou um porta-mamadeiras térmico.

- Se a criança já come alimentos triturados, avaliaremos a conveniência de levar um liquidificador/processador e/ou a garrafa térmica. Hospedar-nos em lugares que dispõem de cozinha pode ser uma boa ideia.
- Um babador de plástico ou de papel (descartável) economizará muitas lavagens.

A mãe lactante

Ao contrário do que algumas vezes se imagina, o bebê que mama pode viajar tranquilamente, já que tem garantida a nutrição correta por sua mãe, sem precisar de horários estabelecidos, mamadeiras ou refeições separadas.

Na maior parte dos países, aceita-se que as mães amamentem em locais públicos; entretanto, é possível encontrar salas especialmente projetadas para isso em muitos lugares, como aeroportos, estações de trem, rodoviárias e shopping centers.

Convém usar roupas confortáveis e ter sempre à mão os protetores absorventes para seios, que devem ser trocados após cada mamada. Manter uma dieta equilibrada e beber líquido suficiente é muito importante para o bem-estar da mãe lactante. Convém perguntar ao pediatra se é recomendável complementar a ingestão de líquido do bebê, caso faça muito calor.

Brinquedos de viagem

Sem ter de carregar toda a coleção de brinquedos, devemos ser criativos para ter à mão os melhores companheiros da criança: brinquedos, livros e músicas. No último capítulo encontraremos alguns conselhos para selecionar os melhores brinquedos de viagem, levando em conta o tamanho, a facilidade de armazenamento, a utilização de baterias ou outros dispositivos recarregáveis, assim como as preferências de nosso filho. Devemos permitir que ele próprio nos indique seus favoritos e procurar fazê-lo entender quais serão os mais adequados para levar na viagem. Fora de casa as crianças precisam cercar-se de elementos conhecidos, como o seu ursinho de pelúcia ou a sua manta; não podemos nos esquecer de reservar um lugar preferencial na mala para esses companheiros.

Como carregar tudo isto?

A mala do bebê, a nossa, o carrinho, a bolsa, os acessórios, e ainda manter as mãos livres para segurá-lo? Impossível! Será muito importante contar com um conjunto de malas que se adapte a nossas necessidades e possibilite certa organização durante os deslocamentos.

- **Mala com rodinhas.** É considerado o sistema mais prático para manter a bagagem organizada. Resistentes, porém pesadas, é difícil erguê-las do chão depois de cheias. Complicado transportá-las em solos irregulares ou escadas.
- **Sacola de viagem.** Ideal para distâncias curtas, quando não precisamos de muita bagagem ou quando viajamos de carro. Podemos organizar as coisas em sacolas específicas: a dos brinquedos, da praia, bagagem de mão etc.
- **Mochila.** Todos os nossos pertences e os de nosso filho nas costas pode ser excessivamente pesado, mas a mochila é o único sistema válido para todos os tipos de terreno. As mochilas cargueiras, apesar da sua grande capacidade, são mais complicadas na hora de organizar o conteúdo; as menores e com abertura lateral costumam ser mais práticas.

Uma das grandes virtudes das crianças pequenas é a capacidade de se distraírem durante horas com qualquer coisa. Levaremos poucos objetos e aproveitaremos as férias para inventar novas brincadeiras e diversões que não aumentem nossa bagagem (jogos de adivinhação, contar histórias, encontrar um tesouro dentro ou fora do carro, fazer mímicas...). A natureza, seja na praia, seja na montanha, nos oferecerá inspiração e magníficas oportunidades para usar a imaginação. De todo modo, sempre é possível conseguir um pedaço de papel, uns óculos ou algumas chaves para distrair a criança durante um bom tempo.

Deixemos que a alegria tome conta desses dias.

Choro

"Quando David tinha dois meses, pela primeira vez fizemos uma pequena viagem para visitar seus avós, a meia hora de casa. Antes de chegarmos ao estacionamento, David começou a chorar desesperadamente de fome. Ficamos tão nervosos que não conseguimos lembrar como se dobrava o carrinho e acabamos viajando com o porta-malas aberto."
(Carla, mãe de David, de oito meses)

Parte 2

A caminho: por terra, mar e ar

- 1 Por terra, de automóvel
- 2 Por terra, de trem ou ônibus
- 3 Por mar, de barco
- 4 Por ar, de avião
- 5 Andando pela cidade

Por mais que conversemos sobre destinos, hospedagens e bagagem, a hora da verdade chega quando colocamos o pé na estrada. Enfrentar quilômetros de asfalto, filas intermináveis e horas de espera com um pequeno, que não consegue ficar sentado por mais de dez minutos, pode esgotar a paciência dos mais serenos pais. Entretanto, vale lembrar, os deslocamentos são apenas uma parte das férias; o melhor nos aguarda na chegada.

Aproveitemos a fascinação natural que as crianças sentem pelos meios de transporte para entusiasmá-las no início da viagem. Depois, o jeito é improvisar, com muita criatividade. No carro e no avião, podemos utilizar jogos para entretê-las; no navio, é bom levarmos medicação contra enjoo (depois de consultar o pediatra); e, no trem ou no ônibus, vamos compartilhar o trajeto com os demais passageiros.

Com o tempo aprenderemos os truques que nos permitirão sobreviver à viagem e chegar sãos e salvos ao destino. Também descobriremos que o segredo está em dedicar o mínimo de tempo possível nos deslocamentos, o que nos poupará de ter de ouvir a cada instante: "Papai, mamãe, tá chegando? Quanto falta?".

1. Por terra, de automóvel

Para algumas crianças, entrar em um carro significa o começo de uma aventura; para outras, sentar na cadeirinha de segurança e ficar quietas durante todo o trajeto é o pior dos castigos, ao qual se acrescenta o enjoo, o calor e o mau humor dos pais.

A transformação da viagem em uma comédia ou um drama vai depender muito de nossa atitude; portanto, disposição e coragem, e quando nos dermos conta, já teremos chegado!

Atenção, preparados, já!

Fazer uma viagem com nosso próprio carro é algo que podemos fazer a qualquer momento, mas isso não significa deixar de lado a fase de preparação. Com crianças será imprescindível planejar e organizar os deslocamentos, sobretudo os mais longos.

- **Antes de partir.** A partida deve ser preparada com calma, assim sobra tempo para organizar a bagagem no porta-malas: primeiro as nossas malas e em cima as da criança (caso necessitemos abri-las), a comida e os respectivos utensílios ao nosso alcance (junto dos bancos é um bom lugar). E claro, não custa lembrar: levar o carro para a revisão alguns dias antes, para evitar ficar parados na estrada esperando um mecânico.

- **A saída.** Alguns pais preferem acordar cedo e pegar o volante assim que o dia amanhece, enquanto está fresco; outros aproveitam a noite, enquanto os pequenos dormem. Não existe regra mais valiosa que as nossas próprias preferências como motoristas (devemos estar dispostos e sem sono), evitando os horários de mais calor e trânsito intenso e, sempre que possível, ajustando-nos ao ritmo natural da criança.

- **O ritmo da viagem.** Informações sobre o percurso, mapa na mão ou GPS ligado e, sobretudo, muito bom senso é a receita para uma viagem bem-sucedida, que deverá contemplar, entre outras coisas, paradas para descanso e alimentação, trajeto a ser percorrido e visitas a realizar. Antes de tudo, devemos levar em consideração que, mesmo que nosso filho seja um anjo, dificilmente aguentará mais de duas horas seguidas no carro. Devemos parar muitas vezes para correr, brincar, comer, pular, beber, fazer xixi ou qualquer outra atividade capaz de alterar a monotonia da estrada. Sempre que possível, o melhor a fazer é dividir os percursos longos em dois ou mais dias e aproveitar para visitar algum ponto turístico pelo caminho (um parque, uma cidadezinha pitoresca). E nada de desespero caso as metas não sejam cumpridas: o trajeto também faz parte do passeio. Com a prática, descobriremos o ritmo de nosso filho e conseguiremos ajustar nossos planos à realidade.

- **Tudo à mão.** Parar o carro no acostamento, com o pequerrucho aos berros, para procurar a chupeta que está na bolsinha da frasqueira, dentro da mala azul, no fundo do porta-malas... Isso tira qualquer um do sério! Não chegaremos a situações tão extremas se deixarmos ao nosso alcance tudo aquilo que talvez precisemos: fraldas, lenços umedecidos, alimentos, brinquedos, livros de histórias, CDs etc.

Também será útil deixar por perto as cortinas quebra-luz para automóvel, uma toalha (para proteger do calor ou para nos enxugarmos em caso de emergência), almofadas e mantas (para tornar mais confortável o descanso da criança), um apoio de cabeça e um aquecedor de mamadeiras com tomada adaptável ao automóvel. Acondicionando os objetos em sacolas ou caixas, evitamos que o interior do veículo se transforme em um pardieiro.

- **A chegada.** Será melhor chegar ao nosso destino antes do anoitecer, já que as crianças precisam de um tempo para se acostumar a novos lugares. Se o pequeno estiver dormindo, é bom acordá-lo um pouco antes de chegar para evitar o mau humor provocado por ter sido despertado repentinamente.

Diversão no automóvel

Limitadas ao banco de trás, mas com o vigor que as caracteriza, as crianças nos farão sentir todos e cada um de seus estados de espírito: alegria, fome, tédio, aflição, tristeza, raiva, sono etc. A única forma, portanto, de conseguir realizar uma viagem suportável será fazer com que se divirtam muito. Viagem após viagem, cada família encontra sua própria estratégia; contudo, para começar, serão úteis algumas das ideias a seguir.

- **Preparativos compartilhados.** Assim que começarmos a preparar a viagem, é interessante compartilhar nossos planos com os pequenos, para que eles sintam que fazem parte da aventura. Mesmo que os mais novinhos não entendam, será bom que nos escutem falar sobre o lugar para onde vamos e o que faremos lá, o meio de transporte que usaremos e outros detalhes. A partir do primeiro ano de vida, já podemos usar exemplos como "a viagem será tão comprida como um dia inteiro na escolinha", para explicar a duração do trajeto, ou desenhar o percurso em um papel e ir assinalando onde nos encontramos. Para que os mais rebeldes não se amotinem, podemos encontrar estímulos do tipo: "Na próxima parada você poderá brincar num parquinho", ou citar algum elemento que prenda sua atenção, como: "Vamos continuar até o próximo posto de gasolina".

- **Preparar a própria bagagem.** Quando a criança for um pouco maior, deixaremos que ela prepare sua própria mochila de viagem e guarde nela alguns de seus brinquedos favoritos. Uma boa ideia será manter sob o banco uma "caixa de Pandora", que

só poderemos abrir quando estivermos no carro e que conterá alguns objetos mágicos de recreação.
- **Aprender a divertir-se.** Por último, não podemos esquecer que as crianças precisam aprender a se distrair sozinhas. Se as deixarmos apreciar o silêncio de vez em quando, podem acabar adormecendo tranquilamente.

Os cinco sentidos no automóvel

- **Todo ouvidos.** Contar ou inventar histórias; escutar e cantar músicas conhecidas, infantis, clássicas, de relaxamento; falar do passado (do dia em que nasceram ou como era nossa vida antes disso); criar jogos de palavras, trava-línguas, declamar poesias, imitar sons de animais; tocar sinos, chocalhos, instrumentos musicais e outros objetos (colheres, pulseiras, papéis amassados).

- **Olhos de lince.** Observar a paisagem; brincar de "Você vê o que eu vejo?"; falar sobre as características dos veículos que passam; avisar das placas e sinais de trânsito; folhear livros infantis ilustrados, revistas ou folhetos (cuidado com o enjoo!). Para os bebês, levar brinquedos, bolas, móbiles (podem ser presos à cadeirinha) e bonecos.
- **Muitas mãos.** Fazer fantoches com os dedos (criar um personagem para ser o guardião do automóvel pode ser de grande ajuda), jogos com as mãos, jogos com tabuleiros magnéticos; desenhar; pintar; brincar com massinha de modelar. Para os menorzinhos, apalpar materiais como lã, veludo, seda (lenços), papel ou cordões para fazer nós; decorar o interior do carro com fitas coloridas, fotografias, um espelhinho, um prisma e chocalhos.

- **Que boca enorme.** Para enganar a fome e matar o tédio (mas sem pular nenhuma refeição!), levaremos petiscos saudáveis e não perecíveis: frutas, sucos, biscoitinhos, pão. Vencerá aquele que demorar mais para comê-los! E muita água! Se for verão, podemos pensar em uma sacola térmica ou mesmo em uma minigeladeira portátil.

- **Nariz de perdigueiro.** Abrir as janelas do carro (com a trava de segurança infantil) e reconhecer os odores do campo, do mar, da cidade; recolher flores e frutos pelo caminho e sentir seus perfumes; vendar os olhos e adivinhar cheiros (biscoito, mão da mamãe, agasalho do papai).

Sem risco, sem perigo

É de arrepiar os cabelos saber que os acidentes de trânsito são uma das principais causas de mortes e traumatismos em crianças de até três anos, e escandaliza mais ainda descobrir que muitos deles poderiam ter sido evitados se os equipamentos de segurança e as cadeirinhas fossem corretamente usados. Todos sabemos a dificuldade que é manter uma criança pequena sentada durante muito tempo, mas precisamos ser rigorosos e não ceder em nenhuma circunstância: trata-se de uma questão de vida ou morte. É importante lembrar que as leis de trânsito estabelecem que:

- As crianças devem viajar sempre sentadas em um dispositivo de fixação e segurança certificado e adequado à sua idade e ao seu tamanho.

- É terminantemente proibido levar uma criança no colo, mesmo que seja por uma distância curta. Em caso de colisão, os braços de um adulto não poderiam suportar a força do impacto e a criança seria lançada para a frente com força.

- Os especialistas em segurança infantil recomendam que todas as crianças até os doze anos viajem no banco de trás do carro, usando cinto de segurança.

- Quando a criança crescer, trataremos de lhe explicar com calma as regras de conduta a que devemos obedecer no automóvel. Se ela se comportar bem, convém elogiá-la, caso contrário, devemos ser firmes e ignorar choros e reclamações.

Escolha a cadeirinha adequada		
Grupo	Idade	Peso
Grupo 0 (bebê conforto/ cadeirinha, voltados para a traseira do veículo)	0 – 12 meses	até 13 kg
Grupo 1 (cadeirinha de segurança, voltada para a frente do veículo)	1 – 4 anos	9 – 18 kg
Grupo 2 (assento de elevação)	4 – 7 anos	18 – 36 kg
Grupo 3 (banco de trás, com cinto de segurança)	7 – 10 anos	acima de 36 kg e 1,45 m de altura

Prudência ao volante: o motorista

As crianças aprendem com os exemplos. Por isso, se formos os primeiros a respeitar as normas de direção, já teremos ensinado muito!

- Usar sempre o cinto de segurança, não ingerir bebidas alcoólicas e evitar comer muito antes de dirigir.
- Descansar pelo menos a cada duas horas, sem querer "aproveitar que a criança está dormindo".

- Manter sempre a calma. Se o tempo esquentar no banco de trás, é melhor parar o carro e resolver o problema antes de prosseguir.
- Se viajarmos acompanhados de outro motorista, é bom revezar ao volante. Mudar de lugar com frequência, do banco do carona para o banco de trás (junto da criança).
- Se houver congestionamento, improvisar um piquenique ou procurar uma rota alternativa.
- Utilizar sempre as travas de segurança nas portas e janelas traseiras.

Automóveis de aluguel

Se desejarmos alugar um veículo no local de destino, será conveniente fazer a reserva com antecedência. Assim evitaremos surpresas desagradáveis nos lugares mais procurados por turistas e poderemos escolher um modelo mais adequado.

Importante saber se existe alguma tarifa familiar e verificar se o seguro contratado tem cobertura para acidentes.

Mesmo que não seja uma exigência legal do país visitado, solicitar sempre uma cadeirinha de segurança adequada à idade e ao peso de nosso filho.

Papai, mamãe... vou vomitar!

Isso acontecerá em muitas viagens, temos de nos conformar: as crianças ficam enjoadas. O corpo delas não está acostumado ao balanço do carro e a mente se aborrece enclausurada em um espaço fechado. Com o tempo aprenderão a concentrar-se e evitar essa desagradável sensação, mas por enquanto cabe a nós ajudá-las, talvez seguindo um desses truques:

- Fazer com que olhem para a estrada através do para-brisa dianteiro.
- Não deixar que leiam ou fixem o olhar em um brinquedo ou outro objeto por muito tempo. Distraí-las com música, jogos de palavras, histórias, jogos visuais com a paisagem, para que não pensem no enjoo.
- Não viajar com o estômago completamente vazio e evitar comidas pesadas, com alto teor de gordura. Os bebês devem mamar nos horários habituais e deve-se esperar um pouco após a mamada antes de reiniciar a viagem.
- Arejar o carro e não fumar em seu interior.
- Abrir a janela, pedir para as crianças respirarem fundo e fazê-las beber água.
- Em caso de náuseas, fazer a criança: comer alguma coisa salgada, chupar balas de menta, mastigar um pedacinho de gengibre ou massageá-la na palma da mão (na região entre polegar e indicador), são alguns "remédios" válidos. Um deles deve funcionar com nosso filho.
- Se o enjoo costuma ser frequente, vale a pena consultar o pediatra a respeito de medicamentos antienjoo, que devem ser administrados antes do início da viagem e podem gerar um efeito de sedação na criança.

- Ter sempre à mão um saquinho plástico ou de papel, lencinhos umedecidos e uma muda de roupa, para o caso de necessidade.
- Se a criança vomitar, limpar a boca dela com um pano molhado em água (melhor se for bicarbonatada) e oferecer pequenas quantidades de água ou suco. Limpar o carro e arejar bem o seu interior antes de retomar a viagem.
- Uma dica para pais precavidos: a areia higiênica para gatos é uma boa aliada quando se trata de absorver odores.

O enjoo também tem um componente psicológico importante, que pode chegar a desencadear um hábito bastante incômodo (todas as vezes que a criança entra no carro, ela enjoa). Evitemos fazer disso um drama e, sobretudo, não deixemos que a criança se sinta culpada por ter sujado o tapete.

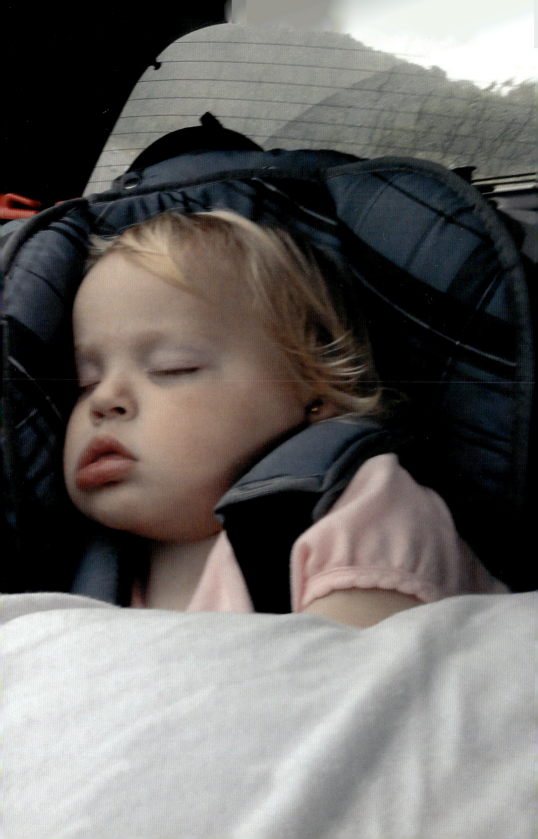

2. Por terra, de trem e ônibus

Passageiros, ao trem

Em qualquer lugar do mundo, por onde passar um trem haverá uma criança dando tchau com a mãozinha. As crianças adoram trens! Fazer uma viagem sobre trilhos representa uma aventura para os menorzinhos, e para nós, um agradável descanso.

Uma viagem ao coração das pessoas

Em muitos países, o trem é o meio de transporte mais usado e, portanto, aquele que permite maior contato social. Conversar, compartilhar refeições e travar relação com outros passageiros e viajantes são algumas das grandes recompensas das viagens de trem. O trem também nos leva ao coração das cidades, razão pela qual é um dos sistemas preferidos para viajar aos grandes centros urbanos.

Prepararemos uma bagagem mínima e que possamos transportar com facilidade por plataformas e escadas, lembrando que dificilmente teremos ajuda para subir ao interior do veículo.

Maria-fumaça

Se acreditarmos que a aventura de fazer uma longa viagem de trem com uma criança representa algum risco, podemos treinar andando em um trem dos arredores para visitar amigos, ou realizar um trajeto curto em um trem histórico que, com certeza, será inesquecível para nosso filho.

O vagão familiar

Se o objetivo for uma viagem longa, o ideal é reservar uma cabine, onde se pode dormir e ter privacidade. Para distâncias curtas, a viagem pode ser feita em poltronas e, se não nos restar alternativa, acomodaremos nosso pequeno em almofadas e mantas. Em alguns países, os trens possuem vagões especiais para crianças, com espaços para jogos e outras atrações. A maioria dos comboios de longo percurso, no entanto, possui restaurantes, lanchonetes (onde as mamadeiras e os potinhos com alimento podem ser aquecidos) e outros serviços. Vale à pena levar lanchinhos e um pouco de comida para o trajeto, embora, para as crianças, um jantar no vagão-restaurante possa ser emocionante.

Segurança sobre trilhos

No trem podemos nos movimentar com total liberdade pelos corredores; entretanto, devemos estar cientes do perigo que isso representa para as crianças: uma freada ou uma curva inesperada pode provocar um tombo grave. É aconselhável usar o carrinho (embora não seja nada fácil nas passagens muito estreitas) ou os carregadores de bebês, especialmente os *slings*.

Diversão no trem

Sem a preocupação de dirigir, podemos dar muito mais atenção ao nosso pequeno e tornar a viagem muito agradável. Além dos jogos e das canções, como quando viajamos de carro, será uma boa ideia fazer um passeio de exploração pelos vagões e saltar em alguma das estações para ver a locomotiva do lado de fora.

Excursões de ônibus

Apesar de ser um dos sistemas mais econômicos, viajar de ônibus com crianças pequenas pode ser bastante incômodo. Entretanto, algumas vezes será o único meio de locomoção ao nosso alcance e, por isso, convém desvendar seus segredos.

- **O melhor assento.** Antes de viajar, é bom perguntar se a empresa aceita crianças, já que em alguns lugares elas não vendem passagens a menores de doze anos. Os melhores assentos são os localizados na parte do meio ou da frente (menor risco de enjoo). Uma vez dentro do veículo, evitemos que nosso filho caminhe pelo corredor central, já que uma curva ou freada brusca poderia ser muito perigoso.

- **Um trajeto agradável.** Um dos maiores inconvenientes do ônibus é o fato de termos de compartilhar um espaço muito reduzido com outros passageiros, os quais, por sua vez, facilmente podem sentir-se incomodados com a agitação das crianças. Tentemos ser cordiais com nossos vizinhos e desculpar-nos pela perturbação que possamos causar. Recorreremos a jogos e brinquedos, como os que usamos no automóvel, para acalmar as crianças.

É importante nossa bagagem de mão conter tudo aquilo de que possamos necessitar durante o trajeto, uma vez que será impossível ter acesso às malas antes de chegar ao destino. Se pudermos escolher o horário da viagem, à noite será mais conveniente, porque, com sorte, nosso filho dormirá durante todo o trajeto.

Na maior parte das linhas de longo percurso encontraremos ônibus com diversos serviços (banheiro, TV, ar-condicionado). Em alguns lugares, será bem divertido apreciar a paisagem e os animais ao longo da estrada!

3. Por mar, de barco

Entrar em um barco com nosso filho e zarpar rumo a nosso destino pode transformar-se em uma emocionante aventura, durante a qual esqueceremos a poluição e os congestionamentos da estrada e poderemos desfrutar de uma fantástica experiência no mar. Levaremos em conta, entretanto, que a água representa alguns riscos para as crianças, sobretudo até que aprendam a nadar, e que facilmente poderão sentir-se enjoadas.

Existem embarcações de todo tipo, que nos oferecem ampla variedade de travessias e navegações, cada uma delas mais ou menos indicada para nossa família.

Todos a bordo: ferryboats e barcas

Desde os sistemas de ferryboats até pequenos barcos para atravessar um rio, existe uma grande variedade de embarcações que nos transportarão até o lugar de destino, caso seja essa a única forma de acesso a ilhas e arquipélagos, ou porque tenhamos decidido economizar alguns quilômetros de estrada.

As crianças, além de ficarem extasiadas vendo o carro subir na barca, agradecerão ao se verem soltas, para correr livremente pelo convés. Em geral, trata-se de um sistema de transporte muito econômico para as famílias, com a vantagem adicional de que, na maioria dos ferrys, os menores de quatro anos viajam de graça.

Aproveitemos para percorrer longas distâncias em um ferryboat noturno, enquanto as crianças dormem, e assim evitaremos os enjoos em caso de águas agitadas. Sempre que possível, reservar um camarote pode ser uma boa ideia para ter mais tranquilidade e não incomodar os demais passageiros com choros ou despertares noturnos. Contudo, quando navegamos de dia e durante as viagens mais curtas, as poltronas são a melhor opção, permitindo-nos conversar com os demais passageiros, visitar todos os cantos da embarcação e, se tivermos sorte, ver golfinhos em alto-mar.

Nos grandes ferryboats, poderemos caminhar tranquilamente com o carrinho, embora os carregadores de bebês (cangurus, *slings* etc.) sejam mais adequados na hora de enfrentar escadas e corredores estreitos. Em feriados e na alta temporada convém fazer a reserva com antecedência, se quisermos embarcar nosso automóvel. Uma sacola com lanchinhos práticos para o trajeto será bastante útil, especialmente nas viagens mais longas, se não quisermos nos submeter aos elevados preços do restaurante ou lanchonete a bordo, cujos serviços podem ser utilizados, no entanto, se precisarmos aquecer a comida do bebê. Como na maior parte dos meios de transporte, será conveniente tomar precauções contra o enjoo.

Crianças ao timão: veleiros e iates

Navegar com uma criança pequena em uma embarcação de recreio pode parecer uma experiência bastante ousada, mas se formos organizados e precavidos diante dos perigos do mar, será tão fácil quanto em qualquer outro transporte.

A vantagem de navegar em nosso próprio barco é que podemos adaptar o espaço de modo que se transforme em nossa casa flutuante e seja o mais seguro possível para nosso filho. Se optarmos por uma empresa de locação, procuraremos escolher um modelo adequado às nossas necessidades.

- **No convés.** Preparemos um lugar que fique protegido do sol, onde a criança possa brincar com segurança e sob nosso olhar atento. Uma banheirinha com água ou uma piscina inflável lhe permitirá manter-se fresca fora do mar, e a instalação de uma rede de proteção ao longo do corrimão tornará mais simples a tarefa da vigilância. Para crianças maiores, que se movimentam livremente, devemos considerar o uso de um colete salva-vidas, sobretudo nos momentos de maior risco.

- **No interior.** Instalaremos a cadeirinha, um cercado ou berço dentro da embarcação, para que nesse espaço fechado e seguro a criança possa brincar sozinha, caso todos os adultos precisem se ocupar com a navegação. Devemos levar pouca bagagem, uma vez que, a bordo, necessitamos de poucas coisas, mas sem esquecer os brinquedos e os contos infantis para distrair a criança nas horas de calmaria. O mais importante na hora de viajar em uma embarcação de recreio é saber adaptar o ritmo da travessia para que nosso filho possa se divertir. Evitemos os longos trajetos e tentemos agir com calma, mesmo diante de momentos de nervosismo e tensão. Se houver previsão de mau tempo, é melhor esperar em um lugar seguro até que melhore e, assim, evitar que a aventura no mar se transforme em um pesadelo para o pequeno. Sua relação com a água, o fato de se sentir seguro e sem medo, dependerão muito dessas primeiras experiências e da confiança que possamos transmitir-lhe. Comecemos realizando travessias curtas, sem nos arriscar, e aos poucos iremos despertando seu entusiasmo pela navegação.

Contra o enjoo no mar

Nos barcos pequenos, colocaremos a criança no ponto mais próximo do centro de gravidade da embarcação (onde o movimento de balanço é menor) e de preferência onde não possa ver o mar, já que o sobe e desce das ondas e o casco do barco sulcando a água podem agravar a sensação de enjoo.

Turismo fluvial

Os rios e canais navegáveis oferecem uma opção muito interessante para passeios sobre a água com a família, e o melhor de tudo: sem enjoo que possa estragar a experiência!

QUANTO FALTA?

Os barcos desenhados para a navegação fluvial costumam ter todas as instalações necessárias para tornar nossa estadia prazerosa: cozinhas equipadas, camarotes espaçosos, banheiros e duchas os transformam em verdadeiros lares flutuantes.

Navegaremos a velocidades lentas, o que nos permitirá observar a paisagem e fará que qualquer mudança de ritmo, como a passagem por eclusas, se transforme em um divertido acontecimento. Levaremos em conta que, por ter crianças a bordo, os perigos que se apresentam nas águas dos rios são os mesmos do mar e, portanto, deveremos manter todas as precauções.

Seu colete flutua, você não

A recomendação geral é que as crianças utilizem o colete salva-vidas a bordo de qualquer embarcação. Sabemos que se trata de algo muito difícil e que causará muita choradeira e reclamação. Inclusive pode até criar certa aversão à navegação. Mas sejamos precavidos e procuremos convencê-las mostrando-lhes o lado lúdico dessa proteção: podemos cobrir o colete de enfeites, pinturas plásticas, explicar graficamente para que serve ou qualquer outro estratagema que nos venha à cabeça para convencê-las.

É importante verificar se o tamanho do colete é adequado para nosso filho – nem muito grande (provocará atrito na pele) nem pequeno demais (ficará apertado e impedirá os movimentos).

Segurança no mar

Para os bebês que ainda não andam, o barco é um lugar bastante seguro, já que na maior parte dos casos permanecerão quietos onde os deixarmos. Entretanto, quando começam a caminhar, os perigos a bordo aumentam de maneira considerável. Segundo a premissa de que, sempre que possível, evitamos expor as crianças a riscos desnecessários, é bom seguir algumas recomendações importantes:

- Nos barcos pequenos e em outras embarcações que possam virar com facilidade (canoas, botes infláveis, "banana boats"), é obrigatório que as crianças vistam coletes salva-vidas, mesmo que isso provoque birras. Em embarcações de maiores dimensões, teremos o colete preparado caso surja alguma situação de risco, como tempestade ou ventania.

- Embora a bordo seja difícil encontrar um lugar para se esconder, convém nunca perder os pequenos de vista.

- Em caso de mar agitado, levaremos as crianças para o interior do barco, já com o colete salva-vidas, e amarraremos o berço, a cadeirinha ou o cercado para evitar que virem.

- Nos momentos de calmaria, estender uma rede para colocar o bebê pode ser uma opção muito relaxante.

- Não podemos esquecer que o barco é um lugar cheio de ferros, cordas e áreas escorregadias e salientes, motivo pelo qual as crianças devem andar sempre com calçados de solados antiderrapantes.

- Utilizaremos todo tipo de proteções para evitar o risco de insolação: boné, protetor solar, toldo e guarda-sol, e, sobretudo, beber muito líquido.

- Lembraremos que neste caso a maior precaução deve ser tomada por nós como timoneiros e capitães: seremos prudentes, não excederemos a velocidade, não sobrecarregaremos o barco e estaremos sempre atentos à navegação.

4. Por ar, de avião

Dizem que depois da primeira viagem de avião na companhia de uma criança, todos os voos anteriores, por mais agitados que tenham sido, serão lembrados como um céu de brigadeiro. Não é para assustar, mas devemos ter claro que voar com crianças requer que sejamos muito práticos e preparemos todos os detalhes, já que somente assim teremos uma viagem segura e agradável, tanto para nós quanto para os demais passageiros.

Reservas aéreas

Sempre que possível, as passagens devem ser reservadas com suficiente antecedência. Assim poderemos escolher os melhores preços, horários e conexões, os assentos mais convenientes no avião, assim como as companhias que oferecem o melhor serviço aos passageiros mirins. Com crianças, fica muito mais comprometida a capacidade de improvisação que as ofertas de última hora requerem, por isso será melhor deixá-las para outra ocasião.

Embora possa ser uma boa ideia realizar voos noturnos para que as crianças durmam durante o trajeto, não podemos esquecer que nós também precisamos descansar, caso contrário, no dia seguinte, será muito difícil acompanhar o ritmo da viagem. Optar por voos diretos e gastar um pouco mais em troca de não precisar arrastar o carrinho, a sacola de fraldas, o ursinho e a criança pelos intermináveis corredores do aeroporto para chegar ao portão da conexão valerá a pena.

É importante, ao fazer a reserva, especificar quais serão nossas necessidades concretas: assento para a criança, berço ou cadeirinha, refeições infantis etc., e nos informar sobre cortesias ou serviços que a companhia aérea dispõe para crianças: *kit* de boas-vindas, entretenimento a bordo etc.

No que se refere às tarifas aéreas, convém saber que em algumas companhias as crianças com menos de dois anos (ou 18 kg) viajam de graça, desde que fiquem no colo de um adulto, e crianças de dois a doze anos têm direito a descontos razoáveis. Para os viajantes mais exigentes, talvez seja o caso de aderir a um programa de fidelidade de alguma companhia aérea, já que proporcionam preços especiais e outros serviços interessantes.

O assento adequado

Essa questão é muito importante quando voamos com crianças pequenas. Nem sempre é possível escolher determinado assento no ato da reserva, mas se no dia do voo fizermos o *check in* com bastante antecedência, será mais fácil conseguir um lugar melhor. O problema surge quando, prestes a iniciar nosso primeiro voo, precisamos escolher na hora o assento mais conveniente para nossas necessidades.

Sugerimos alguns aspectos que podem ajudar a escolher os mais apropriados.

- **Assentos na parte dianteira.** A primeira fileira são os preferidos das famílias com bebês de menos de seis meses, já que dispõem de um berço que pode ser fixado no painel frontal. A desvantagem é não poder colocar a bagagem de mão na frente, nem durante a decolagem nem na aterrissagem, momentos em que normalmente mais precisamos de mamadeiras, chupetas, bonequinhos e babadores.

- **Última fila.** É melhor evitar os assentos da parte traseira do avião: sente-se muito mais a vibração e o barulho do motor e, normalmente, estão muito próximos dos banheiros ou da área de serviço do pessoal de bordo.

- **Janela ou corredor.** As crianças maiores gostam de olhar pela janela, embora logo se cansem de ver tantas nuvens. Entretanto, é um bom lugar, por ficar mais difícil para elas saírem e perturbarem os demais passageiros, e também porque se sentem mais protegidas e logo começam a dormir.

- **A família unida.** Nem sempre se consegue assentos contíguos para toda a família, o que pode ser um problema na hora em que é preciso ter quatro mãos cuidando do bebê. Por isso, talvez seja uma boa ideia, antes da decolagem, solicitar a outro passageiro a gentileza de trocar de lugar (as comissárias de bordo podem ajudar).
- **Espaço extra.** Se o avião não estiver lotado, vale a pena perguntar se há possibilidade de ter um assento livre (será prático para colocar as coisas do bebê) ou até, se as condições o permitirem, reservar um assento para nosso filho (será muito mais confortável e seguro do que carregar o bebê no colo durante todo o voo). Algumas companhias aéreas propõem levar a cadeirinha de segurança do automóvel e ajustá-la ao banco do avião, sempre em sentido contrário ao da marcha.

No aeroporto

Quer se trate de salas de espera com um único portão de embarque, ou de complicados labirintos de corredores e edifícios com inúmeras lojas e serviços para turistas, os aeroportos de todo o mundo têm algo em comum: são lugares de passagem, nos quais as pessoas são forçadas a ficar por intermináveis horas de espera. Um verdadeiro desafio para quem viaja com crianças!

- ***Check in* e embarque.** Com quatro malas, um carrinho, duas bolsas de mão e um bebê chorando, pode parecer impossível chegar ao balcão de *check in*, mas vamos por partes. Em primeiro lugar, usaremos um carrinho para colocar a bagagem e combinaremos com nosso cônjuge o que cada um pode fazer para não perder nada de vista (as malas *e* a criança!). Os aeroportos são frequentados por ladrões que aproveitam qualquer distração para furtar bolsas, por isso é preciso estar sempre alerta. No momento do *check in* vale perguntar se podemos ficar com o carrinho da criança até o portão de embarque, onde o pessoal de terra o recolherá e despachará como bagagem.

As companhias aéreas dão preferência ao embarque de idosos e famílias com crianças. Isso é bom, porque embora signifique um tempo maior no interior do avião, colocando à prova mais uma vez a paciência de nosso filho, poderemos nos acomodar sem tanta pressa.

- **Tornar a espera divertida.** Vamos ter de exercitar nossa criatividade ao máximo para distrair nosso filho durante o "tempo perdido" que passaremos no aeroporto. Se estivermos viajando com nosso cônjuge, um dos dois tomará conta da criança e o outro cuidará do resto, como fazer o *check in*, mostrar as passagens e documentos, passar pela alfândega, procurar o portão de embarque etc. Convém verificar se o aeroporto dispõe de áreas de entretenimento, fraldário, sala de amamentação e outros serviços úteis. Os aeroportos estão cada vez mais equipados com essas instalações para amenizar o aborrecimento da espera, mas, na maior parte das vezes, a tarefa de entreter as crianças fica por nossa conta.

Com esse objetivo, podemos construir um trem com as malas na fila de embarque ou erguer um forte com a bagagem e instalar a criança em seu interior. Podemos aproveitar os amplos corredores do aeroporto para alguma brincadeira (com certeza mais de um viajante entediado se juntará a nós). Para as crianças maiores podemos comprar gibis, revistas de atividades ou postais para serem despachados para os familiares. No caso dos bebês, um livro ilustrado ou com sons pode se transformar em passatempo durante horas.

E caminhar pelos corredores? Um brinquedo de puxar pode ser uma boa solução, já que, quanto mais a criança se cansar agora, menos inquieta ficará dentro do avião. Talvez se divirta descobrindo toda a parafernália de um aeroporto (esteiras e escadas rolantes, chafarizes, máquinas de conveniências, carrinhos de bagagem etc.), e isso a manterá distraída durante um bom tempo. Podemos levá-la para olhar a aterrissagem e a decolagem dos aviões (melhor ainda se houver um terraço) e pela vidraça mostraremos tudo o que acontece na pista.

Cintos afivelados

Se ainda tivermos alguma dúvida sobre como voar com crianças pequenas, o gentil sorriso do pessoal da tripulação nos dando as boas-vindas a bordo acabará por nos acalmar. São profissionais dispostos a tornar nosso voo o mais agradável possível e serão de muita ajuda.

- **Decolar e aterrissar.** Os vinte minutos de duração da decolagem e outros tantos da aterrissagem equivalem a uma eternidade para os pais: nesse momento a criança não vai querer parar quieta, vai pedir para ir ao banheiro e comer, e ao perceber que não pode fazer nada disso, ficará mais rebelde ainda.

  Antes de tudo, é preciso agir com muita calma: nenhum ataque de birra deve ser capaz de nos fazer descumprir as normas de segurança que obrigam todos os passageiros a manter o cinto afivelado enquanto a luz do dispositivo estiver acesa. As comissárias de bordo explicam detalhadamente como afivelar o cinto de nosso filho e será nossa incumbência fazê-lo ter paciência e aceitar que precisa permanecer sentado. É o momento de contar uma história, brincar com as mãos, tirar um bichinho de pelúcia da bolsa ou oferecer algum alimento.

- **Pressão nos ouvidos.** As crianças pequenas ainda não aprenderam a descomprimir os ouvidos, por isso costumam sentir de forma acentuada as mudanças de pressão sobre a cabine do avião.

Mastigar alguma coisa ou engolir a saliva alivia essa sensação, que costuma provocar muito choro a bordo do avião (as maiores podem saborear uma bala, um gomo de laranja, um pedaço de pão ou fazer caretas com a boca; no caso dos bebês, sugar a mamadeira ou a chupeta). Se o incômodo for muito grande e não diminuir depois de um tempo, convém aplicar alguma coisa quente sobre a orelha (uma bolsa de água quente ou uma manta).

- **Jogos no ar.** Em trajetos longos, em que passamos muitas horas dentro do avião, convém utilizar todos os jogos e passatempos que conhecemos. Por exemplo, com um bichinho de pelúcia mostramos as diferentes posições: em cima da cabeça, embaixo do braço, dentro do casaco... Se a criança já tiver idade suficiente para entender, pediremos que ela faça justamente o contrário do que estamos falando. Também aquilo que estamos vestindo pode entrar na brincadeira: pulseiras, colares e anéis; broches e grandes botões, lenços, echarpes etc. Outra coisa que costuma dar certo é folhear a revista do avião mostrando as figuras, ou tirar as fotos dos familiares da carteira e contar a história de cada um. Abrir e fechar os estojos de viagem ou os saquinhos para enjoo podem entreter a criança, assim como brincar de se esconder sob a manta. Outra possibilidade ao nosso alcance é brincar com as colheres de plástico, os babadores descartáveis, os guardanapos e os lencinhos.

- **Comida na bandeja.** É permitido às mães lactantes amamentar tranquilamente, sentadas na poltrona do avião, embora, se preferirem, possam perguntar à comissária de bordo se existe um lugar mais reservado para isso. Para os bebês que se alimentam com mamadeira ou papinha, pediremos para aquecerem a comidinha na cabine de serviço de bordo. As crianças maiores poderão dispor de um cardápio infantil (se for solicitado com antecedência), mas convém levar alguma coisa extra e que seja de seu agrado, como biscoitos ou lanchinhos saudáveis. E não podemos nos esquecer de oferecer muita água, para compensar o ar seco da cabine!

- **Bumbum limpinho.** Levaremos em nossa bagagem de mão uma quantidade de fraldas que nos deixe tranquilos durante toda a viagem, sem esquecer os tempos de espera no aeroporto. Muitas companhias aéreas dispõem de certa quantidade a bordo, contudo, não é de estranhar que desapareça rapidamente. A criança deve estar vestida com roupas confortáveis e de modo que seja fácil limpá-la, e talvez precisemos usar a mesinha dianteira ou a tampa do sanitário, se o avião não dispuser de um lugar específico (procuraremos ser discretos e evitar conflitos com os demais passageiros). Também é importante saber que, se viajarmos sozinhos, o pessoal de bordo não poderá nos ajudar a limpar a criança, porque as normas de higiene a bordo proíbem a manipulação de alimentos e dejetos. Um último conselho: em viagens longas usaremos fraldas superabsorventes para não ter de trocá-las com frequência.

Educação acima de tudo

Uma das máximas que todos os viajantes devem ter em mente é que, embora as crianças pequenas não saibam se desculpar por suas ações, seus pais ou acompanhantes podem fazê-lo. Os outros passageiros entenderão que estamos fazendo o possível para que nosso filho não os incomode e, quem sabe, até nos ofereçam ajuda. Mas também não é necessário sair correndo para o banheiro para que ninguém ouça o choro do nosso filho. Seja no avião, seja em qualquer outro meio de transporte, todos os passageiros passam por algum tipo de desconforto e é compreensível que as crianças sintam muito mais.

QUANTO FALTA?

Fuso horário

A mudança de horário que ocorre nas viagens de longo percurso provoca diversos transtornos de sono e apetite. Curiosamente, as crianças têm muito mais facilidade que os adultos de se adaptar a essas mudanças, e seu corpo se habitua rapidamente ao novo horário. Entretanto, devemos seguir as mesmas recomendações dadas aos adultos:

- procurar dormir bem na noite anterior ao voo;
- beber bastante líquido ao longo da viagem;
- não tentar se ajustar ao horário de destino antes de chegar;
- deitar-se no horário normal;
- fazer programações mais tranquilas para os primeiros dias de férias.

Apesar de tudo, não fiquemos surpresos se, às três da madrugada, as crianças já estiverem prontas para o desjejum!

5. Andando pela cidade

Nem sempre é fácil deslocar-se pela cidade com crianças: as calçadas são estreitas e muitas vezes malconservadas, o trânsito é intenso e, se não conhecemos o lugar, em um piscar de olhos nos perdemos.

Uma boa opção pode ser aventurar-se a conhecer a selva urbana usando transporte público. Inclusive em nossa própria cidade, talvez seja melhor deixar o carro na garagem e andar de metrô, ônibus, táxi, trem e qualquer outro meio disponível, esquecendo o estresse de estar ao volante.

Táxi

Considerado o transporte urbano mais exclusivo, o táxi estará esperando os clientes na saída dos aeroportos, estações de trem, hotéis, shopping centers e locais turísticos, ou circulando aleatoriamente pelas ruas. Quando estamos em nossa cidade é muito fácil localizá-lo (pela cor, placa ou pelo modelo); entretanto, no exterior, teremos de verificar seu aspecto e o sinal indicativo de livre ou ocupado (uma luz, um cartaz, um gesto do motorista ou até mesmo o resultado de uma negociação). Estando fora de casa também será importante consultar o sistema de tarifas (por

quilômetro rodado ou o valor informado no taxímetro) e ter uma ideia prévia dos acréscimos aplicáveis em função da bagagem ou do carrinho do bebê, já que em alguns lugares podem ocorrer abusos a turistas desatentos.

Os adultos devem usar sempre o cinto de segurança, mas, para as crianças, será difícil encontrar um veículo com dispositivos de segurança. Sejamos precavidos e lembremos que, dentro do carro, levar a criança no colo não será suficiente para protegê-la.

Ônibus e metrô

Os transportes urbanos, por excelência, são o metrô e o ônibus, com os quais, a um preço muito mais acessível que o táxi, podemos deslocar-nos por toda a cidade. Só precisamos nos familiarizar um pouco com as diferentes linhas e pontos de parada e nos acostumar a viajar neles com crianças.

Se optarmos pelo metrô, lembremo-nos que em alguns países as estações não contam com projetos de acessibilidade e o uso de carrinhos de bebês pode ser um transtorno. Neste caso, será melhor transportar os bebês em cangurus ou *slings*, e andar de mãos dadas com as crianças maiores.

É preciso prestar muita atenção quanto à abertura e fechamento das portas dos vagões e cuidar para que o carrinho não fique preso (empurrá-lo sempre à nossa frente).

Mesmo com crianças maiores, será mais seguro pegá-las no colo ao entrar no vagão e enquanto esperamos na plataforma. Procuremos sempre evitar os horários de pico, que são claustrofóbicos para os pequenos.

As mesmas recomendações são úteis para entrar no trem e no ônibus. De todo modo, não tenhamos dúvida em pedir ajuda a outros passageiros para erguer o carrinho ou segurar a porta enquanto passamos. Se levarmos nosso filho no colo ou ainda na barriga, não hesitemos em solicitar que nos cedam um dos assentos especialmente reservados.

A pé

Mesmo sendo adeptos do transporte público, haverá momentos em que precisaremos caminhar a pé. Ao andar pela cidade com crianças, o mais importante é imprimir um ritmo confortável tanto para elas como para nós. Entre ficar o tempo todo parando para olhar tudo e andar como se estivesse em uma maratona existe uma média. O número de paradas e a combinação de carrinho/colo dependerão da idade da criança, de sua capacidade e da distância a ser percorrida. Será imprescindível que todos estejam usando calçados confortáveis, sobretudo no verão, uma vez que, com o atrito e o suor, podem surgir bolhas.

Devemos ter claro que o fato de ser pedestres não exime ninguém de conhecer as leis de trânsito da localidade e de extremar-se em cuidados ao atravessar as ruas ou caminhar pelas calçadas. Se a criança já anda sozinha, convém não despregar os olhos dela, que pode perder-se ao menor descuido.

Evitemos as multidões e aglomerações, e, se for preciso, levemos nosso filho no colo ou nos ombros.

Birras

"A combinação explosiva de fome e cansaço provocou uma fúria desproporcional numa das avenidas mais concorridas do centro da cidade. Tive que pegar minha filha nos braços para continuar caminhando entre as mesas dos turistas, que me olhavam com um sorriso de compaixão."

(Roberto, pai de Paula, dois anos)

Parte 3

É bom saber...

1. Saúde
2. Segurança
3. Comes e bebes
4. Doces sonhos de viagem

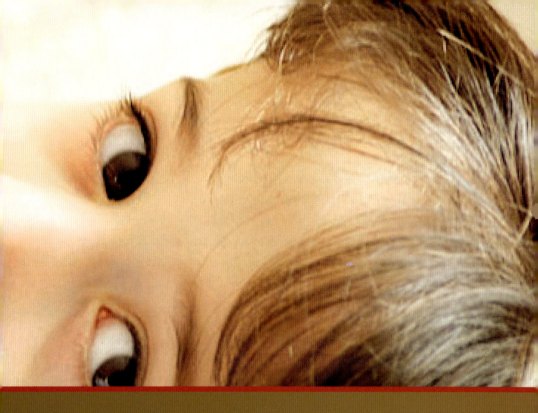

Ao longo da viagem acontecerão muitas coisas, algumas muito boas e divertidas, outras talvez nem tanto. Transtornos nos hábitos de sono, manhas na hora de comer, doenças e pequenos acidentes se unem ao fato de que fora de casa os problemas mais triviais podem se complicar. Como diz o ditado, é sempre melhor prevenir do que remediar, mas, se for preciso, devemos enfrentá-los com bom senso, de modo a não acabar com nossos dias de lazer.

Procuremos ler este capítulo com atenção e calma, tomando nota de alguns riscos que podem surgir pelo caminho. Muitos deles são os mesmos que enfrentamos no dia a dia, mas convém tê-los em mente também nas férias; baixar a guarda pode nos causar algum aborrecimento.

Encontraremos algumas estratégias para reagir diante de situações de emergência e conselhos baseados no senso comum, os quais, somados à nossa intuição de pais, contribuirão para viajarmos em segurança. Mas lembremo-nos sempre que o melhor antídoto diante de qualquer contratempo é encará-lo com bom humor.

1. Saúde

Imaginar que nosso pequeno pode ficar doente durante as férias pode arruinar qualquer sonho de verão, mas não sejamos catastróficos. À medida que formos acumulando experiências, perceberemos que as bactérias atacam tanto dentro quanto fora de casa, e a maneira de combatê-las é a mesma em qualquer lugar: grandes doses de bom senso e paciência, uma farmacinha, que devemos ter sempre à mão, e confiança nos profissionais de saúde.

O médico fora de casa

Antes de partir, convém visitar o pediatra para um *check-up* completo da saúde do pequeno e para que prescreva algum medicamento específico a ser levado na viagem, além de nos orientar sobre vacinas e outros cuidados a tomar.

É aconselhável anotar o número do telefone desse médico e tê-lo sempre à mão, já que, se nosso filho adoecer, poderá nos ajudar realizando um rápido diagnóstico a distância. Entretanto, na maior parte das vezes essa conversa não substituirá uma consulta com um médico local, o que, em determinados países, pode ser um pouco mais complicado. O departamento de turismo nos informará sobre os serviços de assistência médica disponíveis na região e os grandes hotéis e embaixadas podem fornecer uma lista de hospitais e consultórios médicos. Sejamos precavidos, buscando estas informações antes da viagem, bem como os números de telefone dos bombeiros, da polícia, da ambulância e do pronto-socorro. Em caso de emergência, cada segundo é muito valioso!

Nas viagens dentro de nosso território nacional, devemos ter sempre à mão o cartão do convênio médico e a carteirinha de vacinação. No exterior será preciso obter informações sobre a cobertura médica disponível (caso nosso convênio tenha algum acordo internacional). Um seguro médico de viagem também pode ser uma excelente ideia.

Conteúdo do estojo de primeiros socorros

- Termômetro.
- Gazes esterilizadas, esparadrapo e curativos.
- Pinça (necessária para extrair espinhos).
- Tesoura.
- Antisséptico local (por exemplo, água oxigenada).
- Pomada tópica antibiótica.
- Remédio para dor de ouvido.
- Loção para a pele.
- Protetor solar.
- Repelente para insetos.
- Pomadas específicas para picadas ou loção de calamina (também é útil para as queimaduras solares).
- Anti-histamínico oral.
- Antitérmicos (paracetamol, ácido acetilsalicílico, ibuprofeno).
- Solução nasal (por exemplo, soro fisiológico).
- Pastilhas ou chicletes contra enjoo.
- Produtos de aplicação tópica para dor de dentes.

Estojo de primeiros socorros de viagem

Em casa, no carro e, por garantia, em nossa bagagem de viagem não pode faltar uma caixa de primeiros socorros básica para agir com antecipação em caso de urgência.

Para organizar tudo o que ela deve conter, há que se levar em conta o tipo de viagem que faremos, pois, se formos visitar familiares ou amigos, naturalmente não será preciso levar as mesmas coisas que levaríamos em uma viagem de barco. Entretanto, em geral, deverá conter material para curativos, medicamentos básicos para doenças habituais e aqueles outros que usamos rotineiramente. Viajando com

crianças, a vontade é carregar uma farmácia nos ombros, mas felizmente, na maior parte dos lugares civilizados, será possível encontrar estabelecimentos com tudo de que possamos necessitar.

O que devemos fazer quando...

- **Os mosquitos nos atacam!** As picadas de mosquito, além de produzirem uma irritante sensação de coceira, podem ser fonte de infecções e, em alguns países, transmitir doenças contagiosas. As crianças pequenas costumam ser muito vulneráveis e precisarão da proteção de um bom repelente, de preferência à base de aromas naturais como a citronela, o eucalipto ou a alfavaca, menos abrasivos para a pele. Utilizemos mosquiteiros, incensos, velas e demais sistemas que estiverem disponíveis (será bom tê-los na bagagem) para proteger o lugar onde dormimos, em especial o berço ou a caminha da criança. Podemos pendurar nas grades da janela algumas tiras de tecido embebidas em loção contra mosquitos ou ligar o ventilador de teto, que os impede de voar. As crianças devem vestir roupas claras, com braços e pernas cobertos nas horas mais propensas a receber picadas (no início da manhã e ao anoitecer). Deve ser evitado o uso de colônias ou cremes cujo perfume possam atrair os insetos. Para evitar a coceira no local da picada, pode ser aplicada pomada específica, loção de calamina ou um pouco de vinagre. Se alguma picada infeccionar, deveremos lavá-la bem e aplicar pomada antisséptica.

- **Outras picadas.** Abelhas, vespas, aranhas e pulgas são outros insetos que podem nos picar e, embora na maior parte das vezes não representem perigo, devemos saber com antecedência se o lugar a ser visitado é habitado por animais venenosos (se formos mordidos, deveremos usar um antídoto específico). Se um inseto não venenoso picar uma criança, deveremos limpar a área, aplicar gelo ou uma loção calmante, e administrar um analgésico em caso de dor. Durante os primeiros minutos precisamos ficar atentos ao aparecimento de possíveis reações alérgicas, como respiração ofegante, desmaio ou inchaços das articulações, em cujo caso será necessário procurar assistência médica imediatamente. Em caso de sermos aferroados por abelhas ou vespas, poderemos lançar mão de um remédio muito doce: chupar um torrão de açúcar e aplicá-lo sobre o local da picada.

- **Feridas e cortes.** O principal problema é que, com o calor e passando o dia inteiro brincando ao ar livre, algumas pequenas feridas demoram a cicatrizar e podem infeccionar. Portanto, o mais importante é limpar bem a área afetada com água e sabão, lavá-la com água oxigenada ou outro antisséptico local e cobri-la com gaze ou curativo, que iremos trocando com frequência. Para uma cicatrização mais rápida, convém deixar a ferida respirar descoberta por algum tempo, mas tomando os devidos cuidados para que não volte a infeccionar. A aplicação de um gel à base de *aloe vera* (babosa) também ajudará na cicatrização.

Se a ferida for grave ou o corte muito profundo, colocaremos uma atadura ou pressionaremos a área para interromper o sangramento e procuraremos rapidamente o centro de saúde mais próximo para os procedimentos necessários. Devemos ter certeza de que nosso filho está imunizado contra o tétano; na dúvida, pediremos a administração de uma dose de reforço.

- **Tombos e batidas.** Quando as crianças começam a andar e a correr para explorar o ambiente, é natural que caiam e sofram pequenos machucados. Apesar das lágrimas derramadas, geralmente, costumam recuperar rapidamente a vontade de brincar, mas, dependendo do "estrago", será conveniente aplicar sobre a área machucada uma pomada para hematomas e algum objeto frio e plano para controlar o inchaço (gelo, moeda, chave...).

- **Queimaduras.** As queimaduras de primeiro grau (leves) podem ser tratadas aplicando-se água fria ou compressas durante alguns minutos e uma pomada específica ou um gel à base de *aloe vera*. Um remédio popular é a aplicação de uma rodela de cebola ou batata crua sobre a área. Em caso de queimaduras muito mais graves, levemos a criança imediatamente ao hospital, onde poderão administrar-lhe antibióticos para evitar a infecção.

- **Diarreia.** Felizmente, a diarreia do viajante não é uma doença grave, mas pode ser bastante perigosa em crianças pequenas se causar desidratação. Devemos ser cuidadosos com relação à água e aos alimentos que consumimos, e prestar especial atenção às condições higiênicas do lugar.

Quando a criança apresenta diarreia, é primordial oferecer-lhe líquidos e sais minerais em quantidade suficiente para repor tudo o que está perdendo: soro caseiro (em um litro de água filtrada e fervida, acrescentar uma colher de sopa de açúcar e uma colher de chá de sal), isotônicos naturais, como água de coco, e os industrializados (vendidos em farmácias e supermercados), sucos de frutas não ácidas (principalmente de maçã e cenoura) e caldos de legumes. Se a diarreia é uma consequência de infecção no aparelho digestivo, convém que o organismo se livre naturalmente dela; portanto, os tratamentos à base de codeína ou outras drogas que interrompem a defecação não são aconselháveis. Normalmente, até o terceiro dia já deve ser observada uma melhora, mas se os sintomas persistirem ou a diarreia estiver acompanhada de sangue, vômitos ou febre, procuremos sem demora o pediatra.

Assim que o pequeno começar a ingerir alguma coisa sólida, podemos oferecer alimentos leves e saudáveis como, por exemplo, banana, pão torrado, arroz cozido e maçã em suco ou ralada com a casca (a casca dessa fruta contém substâncias antidiarreicas).

- **Outros problemas digestivos.** A prisão de ventre também é bastante comum durante as viagens. A mudança na alimentação, as horas de inatividade no banco do carro ou do avião, ou até mesmo a recusa em usar banheiros estranhos podem ser a causa desse distúrbio. Procuremos solucioná-la introduzindo alimentos ricos em fibras (frutas – ameixa, laranja e *kiwi* –, legumes e cereais integrais) e fazendo massagens suaves na barriga do bebê ou da criança. Se isso não bastar, podemos usar supositórios ou laxantes receitados pelo pediatra.

- **Dor de ouvido.** As infecções do ouvido externo, provocadas pela água que fica parada nos canais auditivos após o banho, são muito frequentes durante as férias. Pouco podemos fazer para evitar esse problema, tão comum na maioria das crianças, mas servirá de prevenção secar bem os ouvidos com uma toalha todas as vezes que saírem da água e evitar que passem frio quando estiverem molhados.

Se a infecção acontecer, recorreremos à aplicação de gotas antibióticas, calor seco (um pano quente, almofada elétrica envolta em uma toalha ou compressas) e algum analgésico, como paracetamol ou ibuprofeno para acalmar a dor.

Não devemos permitir que a criança entre na água – nem mesmo com protetores de ouvido – enquanto a infecção não houver desaparecido por completo.

A ilha

"Quando Guilherme teve catapora, conseguimos mantê-lo dentro do quarto do hotel, que foi transformado em uma ilha de piratas: uma toalha hasteada como bandeira; o chão, um mar infestado de tubarões, e cada vez que um de nós entrava, uma tentativa de abordagem."
(Teresa, mãe de Guilherme, três anos)

- **Erupções na pele.** A fricção da fralda durante os meses mais quentes pode gerar erupções e assaduras na pele do bebê. Procuremos ser cuidadosos, limpando a área com água e sabonete e aplicando uma pomada antiassaduras em cada troca de fralda (o pediatra pode recomendar alguma marca em especial). Se a temperatura ambiente for agradável, vale a pena aproveitar para que nosso filho fique algum tempo com o bumbum descoberto, já que o contato com o ar livre e o sol é um dos melhores remédios. Se a erupção for muito acentuada, podemos usar fraldas de pano por alguns dias, pois são muito mais suaves para a pele do bebê e permitem maior transpiração.

Pisando em ovos

As bolhas ou chagas são muito comuns no verão, sobretudo nos delicados pés dos bebês. Se a criança estiver estreando os sapatos, deveremos ser cuidadosos e proteger seus pés com talco ou meias de algodão. Usaremos curativos para proteger as irritações e evitar escoriações maiores. Se aparecer uma bolha, podemos fazer um pequeno furo com uma agulha esterilizada (será suficiente queimar a ponta da agulha) para extrair o líquido e desinfetar a área imediatamente. A aplicação de gel de *aloe vera* pode ser muito benéfica.

QUANTO FALTA?

Saúde e aventura em regiões exóticas

É cada vez maior o número de pais que com seus filhos se aventuram a conhecer paisagens longínquas, em seu próprio país ou no exterior. Se esse for o nosso caso, deveremos aumentar as precauções com a saúde e, sempre que possível, evitar viajar para regiões de risco antes que nosso filho complete dezoito meses. A partir dessa idade, as crianças estão imunizadas à maioria das doenças infantis.

Uma vez decidido o destino, consultemos nosso médico e/ou o serviço de saúde para perguntar sobre a necessidade de vacinas específicas (febre amarela, tifo, hepatite etc.). Procuremos nos informar sobre o risco existente de contrair malária e sobre a necessidade de profilaxia específica. E sempre devemos ser muito cautelosos com a alimentação e as medidas higiênicas.

2. Segurança

Seguro de viagem

Desde uma doença grave que nos obrigue a voltar para casa, até a perda das malas ou o cancelamento de um voo, qualquer dessas experiências pode acabar sendo muito onerosa, se não tivermos contratado um seguro de viagem.

Sem implicar um grande desembolso de dinheiro, uma boa apólice de viagem cobre os custos de cancelamento em virtude de doença, perda, danos ou roubo de bagagem, custos com acidentes ou doenças, repatriação e compensação por atrasos ou cancelamentos. Caso venhamos a usá-lo, não só recuperaremos os gastos realizados, como também nos livraremos de uma série de problemas logísticos e burocráticos complicados de resolver no exterior.

Pesquisemos as condições das diferentes companhias, façamos uma leitura completa e avaliemos o seguro que melhor nos convenha, já que muitas vezes será desnecessário pagar por serviços que não utilizaremos. Convém saber se os outros seguros que temos contratados também nos protegem durante os deslocamentos, por exemplo, se nosso convênio médico oferece assistência internacional ou se a apólice do automóvel inclui o socorro na estrada, já que algumas vezes será suficiente ampliar a cobertura de uma apólice preexistente. Do mesmo modo, em muitos casos, o pagamento do valor da viagem por meio de um cartão de crédito contempla a cobertura em caso de acidente, doença e, inclusive, a remoção desde o exterior.

Normalmente, os menores de dois anos entram como dependentes na apólice dos pais, mas a partir dessa idade deverão ter seu próprio seguro.

Finalmente, se formos viajantes incansáveis, optaremos pela contratação de uma apólice anual que cubra todos os nossos deslocamentos.

De passagem, mas a salvo

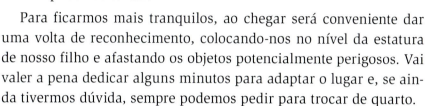

Quartos de hotel, pousadas, pensões, apartamentos de temporada, casas de amigos... Não é fácil encontrar um alojamento onde nosso pequeno explorador esteja totalmente a salvo.

Mas podemos tentar.

Para ficarmos mais tranquilos, ao chegar será conveniente dar uma volta de reconhecimento, colocando-nos no nível da estatura de nosso filho e afastando os objetos potencialmente perigosos. Vai valer a pena dedicar alguns minutos para adaptar o lugar e, se ainda tivermos dúvida, sempre podemos pedir para trocar de quarto.

Será preciso inspecionar com cuidado os móveis com cantos pontiagudos, tomadas sem proteção, cabos e aparelhos elétricos, lâmpadas e enfeites quebráveis, tapetes e pisos escorregadios, cortinas, quadros e cordões que possam representar risco de acidentes. O acesso a janelas, sacadas e portas de entrada também deve ser bloqueado. Fósforos, isqueiros, medicamentos e outros produtos tóxicos devem ficar fora de seu alcance. Em um apartamento com cozinha, tomaremos as devidas medidas de segurança perto do fogão e no armário de produtos de limpeza. E, por último, devemos inspecionar o frigobar: já imaginou encontrar nosso pequerrucho com a boca na botija?

Se, apesar de todas essas precauções ainda estivermos muito preocupados e não conseguirmos pregar o olho a noite inteira, talvez seja o caso de usar objetos de proteção, tais como a colocação de cadeados nos armários e nas gavetas, protetores de tomadas, travas nas portas e janelas (ou um pedaço de corda para amarrá-las), barreiras adaptáveis nas portas, cantoneiras nos móveis e a utilização de uma babá eletrônica.

Sem riscos do lado de fora

No jardim, no parque, na mata, no campo ou em qualquer lugar ao ar livre, os pequenos viajantes se sentirão felizes e não se cansarão de correr, pular e fuçar em tudo. É claro que com tanta atividade voltarão para casa com mais de um hematoma. Sem chegar a ponto de prendê-los em uma bolha, não podemos baixar a guarda e devemos ficar alertas para que não ocorram acidentes e lesões graves. Brincaremos juntos, enquanto lhes passamos noções de cuidados para não se machucarem durante as brincadeiras, e prestaremos uma atenção especial aos seguintes pontos:

- A criança não deve usar sapatos de sola escorregadia ou outras peças de vestuário que possam fazê-la cair (fitas, cadarços, capas etc.).
- Cuidar para que não leve à boca algo que possa ser tóxico ou provocar engasgos.
- Procurar evitar os tombos, especialmente no cimento e no asfalto, porque o impacto certamente causará arranhões e esfoladuras.
- Os balanços e outros brinquedos deverão estar bem conservados (nem quebrados nem enferrujados) e limpos (especialmente de fezes de animais ou de lixo).
- Assegurar-se de que não há animais ou insetos perigosos por perto.
- Não perder a criança de vista, para que ela não desapareça.

Sem riscos perto da água

É impossível esquecer férias de verão passadas com a família na praia ou à beira da piscina. Sem dúvida é a solução mais refrescante. Mas a água representa alguns perigos graves, pois, na maior parte das vezes, as crianças não têm consciência disso. Evitaremos aumentar as estatísticas de acidentes infantis que todos os anos acontecem em piscinas, praias, rios e lagos de todo o mundo, tomando as seguintes precauções:

- Não deixar nunca que as crianças se aproximem sozinhas da água, por mais rasinha que seja. Elas podem se afogar até mesmo em um balde com poucos centímetros de água.

- Evitar que bebam a água clorada das piscinas, já que podem causar intoxicação.

- Os deques das piscinas podem ser muito escorregadios e provocar quedas. Também é bom verificar se não há pregos ou buracos nos quais possam tropeçar.

- Não confiar totalmente nas boias, já que sua função é ajudar a criança a boiar e aprender a nadar, mas serão ineficazes se surgirem situações mais graves.

- Na água, as crianças perdem a noção de tempo. É preciso tomar cuidado com a queda da temperatura corporal. Se a criança começa a tremer, terá chegado a hora de sair e se enxugar.

- Ser cautelosos com as ondas do mar e as correntezas ou turbulências em rios e lagos.

- Evitaremos o risco de congestão não permitindo que a criança entre na água com o estômago cheio ou depois de ter ficado muito tempo ao sol.

- Conhecer as técnicas de reanimação e saber aplicar os primeiros socorros em crianças e bebês pode ser de grande ajuda em situações de emergência.

Sem riscos sob o sol

Os efeitos benéficos dos raios de sol são conhecidos de todos, mas, se não tomarmos as devidas precauções, o abuso na exposição pode ter efeitos muito perniciosos a longo prazo, especialmente na delicada pele das crianças. O verão, quando se torna mais difícil manter as crianças longe do sol, é a época em que precisamos ser mais rigorosos na aplicação de certas medidas preventivas:

- Nunca expor crianças com menos de seis meses ao sol entre as 10h e as 16h. A delicada pele do bebê queima com facilidade e ainda não tolera a maior parte dos cremes protetores.
- Evitar a exposição direta das crianças maiores, usando sempre filtros solares de alta proteção e/ou roupa (camisetas, bermudas ou roupas de neoprene resolvem na hora de entrar na água).
- Cobrir a cabeça das crianças com um boné ou chapéu que elas mesmas possam tirar (melhor um chapeuzinho de abas largas para proteger também os ombros).
- No verão, ficar na sombra entre meio-dia e três da tarde, inclusive nos dias nublados.
- Usar guarda-sol, barracas ou tendas, cangas e toalhas para fugir do sol.

Sem riscos causados pelo calor

O calor provocado pelos raios solares também é a causa de inúmeros problemas que podem afetar as crianças no verão: desidratações, eczemas, queimaduras etc. Para evitar seus estragos, recomendamos o seguinte:

QUANTO FALTA?

- Vestir as crianças com roupas leves, feitas com tecidos de fibras naturais, para que a pele delas respire.
- Calçar sandálias, para permitir a transpiração dos pés.
- Proteger os olhos com bonés, viseiras ou óculos de sol infantis.
- Cobrir a cadeirinha do carrinho com uma toalha ou tela protetora para mantê-la fresca. Evitar viajar durante as horas de maior calor e refrescar o rosto da criança com uma toalhinha úmida ou borrifando água. Não abusar do ar-condicionado, já que as mudanças bruscas de temperatura podem causar resfriados e febre.
- Beber muito líquido, sob a forma de água, sucos de frutas, sopinhas etc.

Montando guarda

"Hospedamo-nos naqueles que haviam sido os antigos aposentos de um castelo. Eram lindos, mas passamos a noite vigiando a escada em caracol."
(Olívia, mãe de Eric, um ano)

A criança que se perde

As crianças distraem-se com qualquer coisa e podem perder-se facilmente, tanto em lugares com aglomeração de pessoas (cidades, parques de diversão, praias ou shoppings) como em locais mais ermos (montanhas e campos). Felizmente, isso não é problema enquanto ainda não andam, mas assim que desenvolvem autonomia, e principalmente rebeldia, temos de redobrar os cuidados.

Será preciso estar sempre alerta e, se houver mais de um cuidador, deverá ficar claro quem é responsável por tomar conta da criança em cada momento. É bastante comum o papai acreditar que a criança está com a mamãe e vice-versa.

- **O que devemos fazer?** Se a criança se perder, em primeiro lugar será necessário manter a calma, só assim conseguiremos lembrar do último lugar em que a vimos e colocar em prática as ações indispensáveis para encontrá-la. Começaremos chamando alto seu nome, já que as crianças gostam de brincar de se esconder. A partir daí avisaremos as pessoas que estão por perto de que perdemos nosso filho e daremos as suas características – idade, nome e aparência. Pediremos ajuda à polícia, salva-vidas, seguranças e a outros profissionais, e usaremos os sistemas de alto-falantes ou telefones de emergência. Por fim, iniciaremos a busca sempre pelos lugares de maior risco (piscinas, encostas ou ruas de trânsito intenso).

- **O que a criança pode fazer?** Explicaremos à criança como deverá agir caso se perca. Na hora, é possível que o susto a impeça de se lembrar de nossas instruções, mas se sentirá um pouco mais confiante por ter conversado sobre a situação. Podemos contar-lhe uma história, por exemplo:

> *Era uma vez um menino chamado Lucas, que passeava com seus pais quando parou para olhar um ninho pendurado no alto da árvore. Ao prosseguir seu caminho, viu que estava sozinho.*
>
> *– Ih... me perdi! –, exclamou.*
>
> *Então se lembrou do que seu pai lhe havia explicado: "Se por acaso você se perder, fique parado no mesmo lugar até que venhamos buscá-lo".*
>
> *E assim fez Lucas, sentou-se à sombra da árvore e esperou. Não demorou muito e passou por lá um guarda de trânsito. Que alívio! Lucas foi ao seu encontro, contou que estava perdido e perguntou:*
>
> *– Você viu meus pais?*
>
> *O guarda respondeu:*

– Não se preocupe rapaz, vamos encontrá-los. Como eles se chamam?

Lucas respondeu:

– Meu pai é Alberto e minha mãe, Rosa.

Então, juntos, começaram a chamar bem alto: "Alberto!", "Rosa!". O guarda tinha um apito pendurado no pescoço, e Lucas começou a assoprar: "Piiii, piiii". Passaram-se apenas alguns minutos e, de repente, no fim da rua, viram aparecer o papai e a mamãe, que correram para abraçá-lo... E todos respiraram aliviados!

Precauções maiores

Convém não esquecer que os adultos também são vulneráveis, de modo que precisam estar bem atentos para não se tornarem vítimas de roubos e outras agressões.

Durante a viagem, dividir entre o casal o dinheiro, os cartões de crédito e outros objetos valiosos; guardar uma fotocópia dos documentos de identidade (passaportes, cartões de crédito, passagens aéreas) na mala, junto de fotos atuais de cada integrante da família e uma lista de telefones de familiares ou amigos.

No hotel, verificar se as fechaduras das portas e as trancas das janelas estão funcionando; evitar deixar os objetos de valor no quarto (será melhor guardá-los no cofre do hotel) e investigar a existência e localização de dispositivos anti-incêndios (extintores, saídas de emergência, alarmes).

Evitar regiões de conflito e lugares pouco recomendáveis.

Lambuzados de creme

A pele das crianças deve estar sempre protegida com protetor solar, creme ou loção adequados à sua idade, ao tipo de pele e à temperatura local. Deve ser usado um fator de proteção solar alto (no mínimo 20) contra raios UVA e UVB. O protetor deve ser espalhado sobre a pele ao menos 30 minutos antes da exposição ao sol, depois de ter feito um teste em uma pequena área, para verificar se não causa alergia. Mesmo que o produto seja resistente à água, devemos repetir a aplicação com frequência, já que seu efeito enfraquece depois de duas horas.

Quero sumir!

"Na hora do jantar, enquanto Luísa colocava Tomás na cama, desci até o restaurante e me acomodei em uma mesa pensando em tomar um drinque e relaxar. Em seguida, ressoando por todo o salão, ouviu-se a voz de minha mulher: 'Querido, o bebê está vomitando e com diarreia. Onde você deixou o manual de primeiros socorros para saber o que devemos fazer?'. Enquanto todos os rostos se voltavam para mim, a única coisa que eu queria que acontecesse naquele momento era que um buraco se abrisse no chão para que eu pudesse sumir!"

(Raul, pai de Tomás, dez meses)

3. Comes e bebes

A alimentação é um assunto de grande preocupação dos pais, quando estão em viagem. O que vamos comer? Quando e onde? Será que vai demorar muito para sermos atendidos? Será que vendem biscoitos no navio? Quantas mamadeiras vão ser necessárias no avião? E se o voo atrasar?

A questão é que, à complicação que pressupõe alimentar nosso filho em casa, soma-se agora o fato de precisarmos fazê-lo em um lugar desconhecido, organizar-nos com a mudança de horário e acostumar-nos com ingredientes novos e com um modo de cozinhar diferente. Um grande desafio diante desses pequenos e exigentes *gourmets*!

Mais uma vez faremos uso de nossa receita predileta: paciência e flexibilidade. As crianças acostumam-se mais rápido do que pensamos às novidades, desde que não transformemos a hora das refeições em uma batalha diária.

Alimentar o bebê

Como já vimos, viajar com um bebê que ainda mama no peito é surpreendentemente simples no que se refere à alimentação. A amamentação é a forma mais saudável e segura de alimentá-lo; só será preciso oferecer-lhe água, caso faça muito calor. Se o bebê toma mamadeira com fórmula de leite em pó e viajamos em um meio de transporte que dispõe de espaço, basta levar a quantidade adequada de suprimento para a viagem. De todo modo, na maioria dos países é possível comprar papinhas, fórmulas, comida em potinhos e outros alimentos infantis adequados à idade do bebê e prontos para o consumo.

Usaremos sempre água fervida para preparar a comida e teremos o cuidado de limpar e esterilizar cuidadosamente todos os utensílios que forem levados à boca do bebê, a fim de evitar a contaminação por germes e bactérias.

Hoje em dia existem aquecedores de mamadeira de viagem e garrafas térmicas que tornam muito mais simples oferecer às crianças a sua comidinha na temperatura ideal. Também os restaurantes, cafés, bares e outros lugares que dispõem de cozinha estão aptos, na maior parte das vezes, a esquentar a mamadeira em banho-maria ou no micro-ondas. Mas devemos ter em mente que não é prejudicial para o bebê que o leite ou a papinha estejam em temperatura ambiente, sobretudo nos meses de verão, e se conseguirmos acostumá-lo a isso nos pouparemos de um bom trabalho.

Estou com fome!

As crianças têm um relógio interno perfeitamente ajustado que não permite que uma refeição seja pulada ou mesmo atrasada por algumas horas. Quando estão com fome, precisam comer, caso contrário elas próprias se encarregam de nos lembrar de como é estressante viajar com um pequerrucho faminto!

O lado positivo é que podemos planejar nosso dia com bastante precisão: onde vamos parar para almoçar, com que antecedência devemos começar a procurar um restaurante ou que quantidade de comida temos de preparar para uma viagem de cinco horas. De todo modo, com crianças, também é necessário estar preparados para as mudanças súbitas de planos, que seu próprio estado fisiológico irá determinando. Será conveniente ter à mão algum alimento para enganar o estômago delas e não deixar chegar ao extremo de chorarem tanto de fome que não consigam nem comer.

Se estivermos em um lugar onde os horários das refeições são diferentes dos nossos e não tivermos outra opção a não ser ir a um restaurante, procuraremos um estabelecimento que possa nos servir fora de hora e, aos poucos, iremos nos adaptando aos horários locais. Também pode acontecer que, após uma viagem longa, o nosso organismo e o dos pequenos se descontrole, especialmente no que se refere à necessidade de comer e dormir; por isso, devemos ter paciência e esperar que, com o tempo, consigam regular-se por si só.

Comer no restaurante

Com crianças, será um pouco difícil saborear um jantar em um restaurante de luxo, mas isso não significa que teremos de ficar relegados ao fogão durante as férias. Existem muitos estabelecimentos nos quais poderemos nos sentir confortáveis e bem atendidos quando viajamos com a família. O bom senso e a experiência nos dirão quais as melhores opções. Entretanto, será conveniente levar em consideração as seguintes recomendações:

- Fazer a reserva com antecedência e procurar evitar os horários de pico.
- Informar-se sobre a disponibilidade de cadeiras de alimentação para crianças.
- O cardápio infantil ou as meias porções são suficientes para o apetite das crianças.
- Pedir para priorizar a comida do pequeno, já que as consequências de uma longa espera com fome podem ser desastrosas (se não for possível, é o momento de oferecer os lanchinhos que carregamos na bolsa).
- Sair para jantar quando o bebê estiver calmo ou pouco antes de adormecer será a garantia de que nos deixará comer sossegados.
- Lembrar que restaurantes não são os melhores lugares para o bebê experimentar novos sabores.

- Se pudermos escolher a mesa, será preferível uma com vista para fora ou para a cozinha – isso manterá a criança distraída – e, sempre que for possível, comer ao ar livre em terraços ou varandas. Se no restaurante o mau humor da criança começar a incomodar os demais clientes, sairemos um instante e procuraremos acalmá-la.

- Usar a imaginação para passar o tempo enquanto a comida não chega: brincar com o guardanapo (colocá-lo em cima do garfo e movimentá-lo, fazê-lo voar na frente da criança, dobrá-lo em forma de flor...) e com aqueles objetos "mágicos" que estão conosco (cartões de crédito, pulseiras, espelhinhos, chaveiros etc.); construir formas empilhando copos e pratos (desde que sejam de plástico); desenhar com lápis de cor, folhear livros de histórias etc.

- Por fim, deixaremos uma boa gorjeta se formos bem atendidos, já que, se ficarmos alguns dias na cidade, será útil saber onde seremos bem recebidos.

Comprar fora de casa...

Uma das surpresas de viver fora de casa por alguns dias é que aspectos tão rotineiros como fazer compras ou cozinhar podem resgatar seu lado mais divertido e transformar-se em experiências a serem desfrutadas na companhia de nosso filho. Aproveitaremos para fazer compras com calma, descobrir lojas e visitar os mercados locais. Deixaremos que as crianças sintam o cheiro das frutas e dos legumes, observem as cores das flores e toquem a pele escorregadia dos peixes. Com certeza não sairemos desses lugares com as mãos vazias e os habitantes locais ficarão agradecidos, oferecendo alguma coisa para o pequeno saborear.

Será importante saber o horário de abertura das lojas e do mercado, para evitar ficar sem provisões. Se não conhecermos o idioma local, será bem útil levar sempre um dicionário, anotar o nome dos alimentos básicos que precisamos e não se surpreender de ter comprado café em vez de leite em pó.

... e cozinhar fora de casa

Nossa capacidade de cozinhar dependerá muito das condições disponíveis (cozinhar em um camping não é o mesmo que em um apartamento equipado); seja onde for, com crianças será bom ter um lugar onde preparar a própria comida. Não só economizaremos dinheiro, como poderemos adequar o cardápio às preferências de nossa família. Felizmente, hoje em dia, encontramos por toda parte os alimentos universalmente preferidos pelas crianças: arroz, macarrão, ovos, frango, pão etc. Não obstante, podemos nos arriscar a cozinhar com novos ingredientes e descobrir os sabores locais para que nosso filho comece a apreciar a diversidade gastronômica do mundo. Quanto mais cedo começar a experimentar, mais fácil será, depois, levá-lo para qualquer lugar.

Para não ficarmos escravos da cozinha (mesmo não sendo a nossa), procuraremos encontrar um sistema fácil para todos (alimentos pré-cozidos ou congelados, cardápios simples, piqueniques ou restaurantes com área de lazer ou equipe de recreação para crianças). E, embora já tenhamos falado da importância de uma alimentação equilibrada para as crianças, não vamos nos afligir se tomarem muito sorvete durante alguns dias.

Hoje é dia de piquenique!

Essa frase mágica certamente levantará o ânimo da criança mais mal-humorada. O piquenique se transforma em uma experiência fantástica para as crianças, que acabam esquecendo, por um dia, o quanto é aborrecido ter de comer. Além disso, o piquenique é uma solução muito boa de alimentação durante os deslocamentos e oferece uma alternativa muito mais divertida do que ir ao restaurante.

Tanto no campo como na praia, preparar uma refeição ao ar livre requer uma boa organização, a elaboração de um cardápio apropriado e muita vontade de se divertir.

A cesta de piquenique deve conter:

- pratos, copos e talheres descartáveis;
- guardanapos de papel, rolo de papel toalha e/ou lencinhos umedecidos;
- uma manta ou esteira para nos sentarmos;
- uma toalha de mesa sobre a qual colocar a comida;
- recipientes com tampa para guardar os alimentos;
- uma geladeira portátil, isopor ou sacola térmica;
- todas as delícias que tivermos vontade de levar!

Escolhamos um lugar aprazível para arrumar nossas coisas, onde, depois de comer tiraremos uma soneca cercados de natureza ou brincaremos de esconde-esconde. Antes de voltar, convém dar uma olhada para ter certeza de que estamos deixando tudo tão limpo como encontramos.

Água pura

Se quisermos evitar eventuais riscos, consumiremos sempre água mineral envasada e verificaremos se a garrafa está devidamente lacrada. Quando não for possível, colocaremos a água para ferver durante alguns minutos para eliminar possíveis bactérias, ou usaremos algum produto que contenha cloro para a esterilização. É muito importante que, nos meses mais quentes e durante os voos de avião, os pequenos bebam a quantidade suficiente de líquidos para que seu corpo não desidrate. Se mesmo assim isso acontecer, os primeiros sintomas a serem observados serão a redução no volume de urina, ausência de lágrimas, pele e lábios secos, além de cansaço, enjoo e dor de cabeça. No caso dos lactantes, deveremos oferecer-lhes uma dose extra de água. Com as crianças maiores, ficaremos atentos para que bebam de preferência entre as refeições, para evitar que o estômago cheio de líquido tire-lhes a fome.

Para aumentar o consumo de líquidos, ofereceremos sucos naturais de frutas, água de coco e caldos de legumes (que podem ser caseiros). Evitaremos ao máximo os refrigerantes e sucos artificiais, que além de provocar gases contêm grandes quantidades de açúcar.

Acima de tudo, não podemos esquecer que sempre, independentemente do lugar em que estejamos, devemos ter água à mão em todo tipo de vasilhames: garrafas, galões, cantis (as crianças adoram beber neles) e outros recipientes para transportar água, muito úteis durante a viagem.

Diarreia do viajante

Levar em conta alguns princípios higiênicos e alimentares ajudará a não nos tornarmos vítimas desse transtorno tão comum entre os viajantes. Os bebês que mamam no peito estão muito protegidos; contudo, se viajarmos com um bebê que toma mamadeira teremos de extremar as medidas higiênicas: ferver sempre os bicos e as mamadeiras para esterilizá-los, e usar sempre água mineral ou fervida.

Com crianças maiores, se as condições do lugar não merecerem nossa plena confiança e especialmente em regiões muito afastadas, tomaremos as seguintes precauções:

- Não beber água da torneira (nem mesmo para escovar os dentes).
- Não consumir pedras de gelo, sorvetes e outros produtos nos quais possa ter sido usada água não potável.
- Recusar alimentos crus. As hortaliças e frutas — consumidas sem casca — devem ser lavadas com água clorada.
- Não consumir carne ou peixe cru ou cuja procedência nos pareça estranha.
- Evitar o leite e os laticínios.

É imprescindível que todos lavem bem as mãos, inclusive o pequeno, antes de qualquer refeição.

QUANTO FALTA?

Lanchinhos saudáveis

Temos de acostumar as crianças desde bem novinhas a comer de forma saudável. Devemos prestar especial atenção na escolha dos lanchinhos e petiscos que lhes oferecemos. Escolheremos alimentos saudáveis e nutritivos, que se conservem bem fora da geladeira, não se esmigalhem nem vazem e que estejam embalados em materiais resistentes. Evitaremos abusar dos doces e chocolates, que poderiam excitar a criança demasiadamente.

Os alimentos a seguir são muito recomendáveis para levar nas viagens:

- frutas secas;
- torradas;
- barras de cereais;
- biscoitos de polvilho;
- bolachas salgadas;
- queijos duros;
- azeitonas sem caroço;
- frutas: banana, maçã, uva, pera, laranja etc.;
- hortaliças cortadas em tiras: cenoura, pimentão, pepino.

E quantos mais quilômetros demorem em comê-los, melhor!

Quitutes

"Quando nossa filha descobriu o camarão, não quis mais saber de outra coisa durante o resto da viagem; acabou sendo um problema!"

(Daniel, pai de Andreia, três anos)

4. Doces sonhos de viagem

Férias, mudança de horário, cama diferente, café da manhã com papai e mamãe...

Seria um milagre se todas essas novidades não afetassem nosso filho, já que nós mesmos sentimos mais de uma emoção. Antes de tudo, sejamos indulgentes e flexíveis e não nos desesperemos se, nos primeiros dias, tivermos que contar-lhe muitas histórias para fazê-lo dormir.

Pequenos dorminhocos

E nesse assunto de dormir, novamente, a balança inclina-se para os bebês. Durante essa etapa serão capazes de descansar onde quer que estejam, sem muitos problemas com o horário, a luz ou o barulho. Entretanto, isso não significa que não devamos tentar proporcionar-lhes o máximo conforto, evitando que sintam calor, protegendo-os dos mosquitos e respeitando suas horas de descanso (se for preciso ajustaremos nossos roteiros às suas necessidades). Com a criança de mais idade será mais complicado, porque a partir dos seis meses as horas diurnas de sono diminuem em favor do descanso noturno e já terão desenvolvido determinados hábitos na hora de dormir (o berço, a luz, o ursinho de pelúcia), que, ao se alterarem, podem causar certa dificuldade.

Hábitos e rituais

É muito importante proporcionar às crianças elementos de continuidade na hora de dormir, de modo que, mesmo estando fora de seu ambiente familiar, possam sentir-se confortáveis e relaxadas. Nossa função como pais será proporcionar-lhes segurança e confiança, e fazê-las sentir que, apesar de todas as mudanças à sua volta, continuamos ao seu lado cuidando delas e mimando-as. Somente assim conseguiremos que nosso filho aceite começar a viagem pelo mundo dos sonhos. Uma atenção especial deve ser dedicada ao preparo de seu cantinho na hora de dormir, o brinquedo preferido colocado na mesma posição que em casa e os mesmos rituais que antecedem o sono: contar uma história, cantar uma canção, fazer uma massagem ou mandar um beijo de boa-noite da porta.

Sempre que mudarmos de lugar ou de cama, será conveniente gastar alguns minutos para explicar ao nosso filho que dormiremos em outra casa; falaremos sobre o quarto, onde vai estar nossa cama, o que faremos ao acordar e outros aspectos que possam tranquilizá--lo diante da novidade.

Berço ou cama?

Um dos dilemas que os pais viajantes enfrentam é se devem levar o berço ou se haverá um disponível durante a viagem. Vale a pena verificar isso antes de partir e prever algum sistema alternativo como redes ou grades protetoras para a cama, se não quisermos carregar mais esse volume. Convém saber que, em determinados destinos turísticos, existe a opção de alugar berços e outros objetos infantis por alguns dias.

Comprar um berço desmontável pode ser a solução mais econômica, se viajarmos com frequência para lugares que não oferecem esse serviço ou se pretendermos nos hospedar por um longo período no mesmo local. Levaremos em conta que hoje em dia existem modelos bastante confortáveis, que podem servir de berço à noite e cercado durante o dia. Embora a maior parte dos berços de viagem só aguente o peso de crianças de até dois anos, há alguns mais reforçados que também servem para os mais velhos (até quatro anos).

Se o pessoal do hotel ou apartamento improvisar um berço ou uma cama desmontável no quarto, é bom verificar a sua qualidade, já que, muitas vezes, será mais seguro colocar um colchão no chão. E se apesar de tudo algum dia tivermos de deixar que nosso filho durma na nossa cama, isso não deve ser motivo de preocupação: faremos com que ele saiba que se trata de uma ocasião muito especial e faz parte da grande aventura da viagem.

Horários

Embora durante as férias possamos ser mais flexíveis com os horários de deitar e levantar das crianças (inclusive agradeceremos por poder dormir um pouco mais), o importante é que cumpram com a totalidade de suas horas de sono, caso contrário, arrastaremos cansaço, mau humor e irritabilidade o dia todo.

O berço de viagem

- Deve ser um produto certificado (com exceção dos berços artesanais).
- As barras da grade devem ter uma separação máxima de seis centímetros.
- A pintura deve estar em bom estado.
- Se for de madeira, não deve ter lascas nem bordas afiadas.
- O colchão deve ser resistente e ficar encaixado na estrutura.
- As grades de proteção laterais devem estar bem fixas.
- A localização deve ser segura (longe de janelas, aquecedores ou aparelhos de ar-condicionado e fios elétricos).

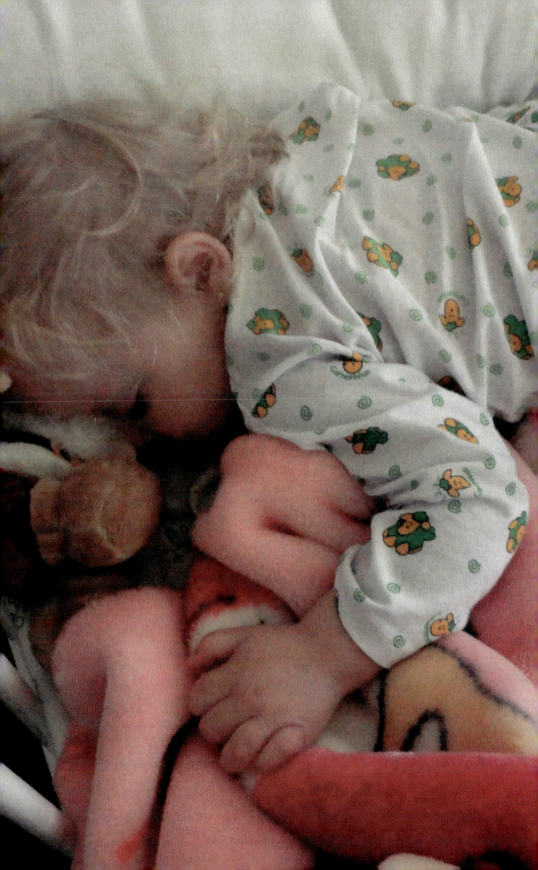

Parte 4

Chegamos!

1 Enquanto estivermos fora

2 Rumo à diversão

3 Companheiros de viagem

4 De volta ao lar

Aquilo que parecia impossível se realizou: finalmente chegamos ao nosso destino, podemos desfazer as malas e acomodar-nos para passar estas merecidas férias junto de nosso filho. Não importa quanto tempo nossas férias vão durar, procuraremos ajudar os pequenos a se sentir em casa e aproveitar ao máximo cada uma das experiências que a viagem puder lhes proporcionar. Organizaremos seus horários de modo que tenham tempo para tudo: descansar, aprender, comer, dormir e, sobretudo, brincar. Essa é a atividade predileta de todas as crianças, e a mais importante para o seu desenvolvimento cognitivo e emocional, não importa onde estejam, e com a qual vão preencher seus dias de férias. Talvez agora o impaciente "quanto falta?" se transforme em um alegre "quero mais!". Mais brincadeiras, risadas, aventuras e travessuras...

De uma coisa podemos ter certeza: não haverá tempo para tédio e, antes mesmo de voltar para casa, já estaremos sonhando com a próxima viagem... quiçá melhor que esta!

1. Enquanto estivermos fora

Ajustar-se às mudanças

Como já vimos, cada criança tem sua própria capacidade de se adaptar a ambientes e situações novas. Algumas são viajantes natas e se sentem confortáveis em qualquer lugar; outras são um pouco mais complicadas, não querem sair de casa, têm medo de pessoas estranhas e se assustam diante das mudanças. A questão ficará em aberto até arrumarmos nossas tralhas e juntos nos lançarmos à aventura. Uma coisa é certa: são os pais que podem fazer muito nesse sentido, se conseguirem contagiá-las com seu entusiasmo e lhes transmitirem confiança e segurança.

Seja qual for a atitude da criança, antes de tudo, devemos respeitá-la. Somos adultos e não nos sentiremos frustrados se alguma de nossas expectativas não se cumprir, já que, embora projetemos nelas muitos de nossos desejos, sua própria personalidade se encarregará de decidir por nós (algumas vezes também os caprichos e as birras do momento). Além do mais, as crianças encontram-se em permanente evolução e transformação, e se hoje sentem pavor de dormir em uma barraca de acampamento, no futuro podem se tornar montanhistas inveteradas.

Outro modo de ajudá-las a se adaptar às mudanças será prepará-las para a viagem antes de partir. Em linguagem acessível, explicaremos para onde vamos e o que vamos ver, mostraremos algumas fotografias do lugar, experimentaremos alguma comida regional, escutaremos música típica e todas as ideias que nos ocorrerem para que possam familiarizar-se com o lugar de destino.

Lembraremos também de colocar na mala algum brinquedo ou outro objeto familiar (o móbile do berço, a toalha, a manta...). Darão sentido de continuidade em seu dia a dia e, ao voltar para casa, esses objetos passarão para a prateleira dos prediletos, já que terão sido fiéis companheiros de viagem.

A noção do tempo

Todos gostaríamos de voltar a ser crianças e sentir que o tempo não existe, que é possível ficar brincando durante horas a fio até que algum desses "adultos chatos" nos chame para ir jantar...

Essa é a ingênua, porém imensa, virtude das crianças: para elas o tempo não passa. A fome, o sono e a vontade de se divertir são os únicos relógios que comandam, e a velocidade dos ponteiros sempre está em função de seus interesses.

Não nos surpreendamos, portanto, se após dizer-lhes dez vezes para sair da piscina e ir almoçar, acabemos tendo de tirá-las à força; ou, se anunciarmos que estamos de saída para a sorveteria, logo estiverem ao nosso lado dispostas e obedientes.

Não é fácil, mas é tarefa dos pais ensinar aos filhos, pouco a pouco, o que é o tempo, as diferentes horas que compõem o dia, os dias que formam uma semana e as semanas que compõem as férias. Também para isso as viagens são muito úteis, já que são períodos de tempo limitados, com um começo – o dia em que já não dormimos em casa – e um fim, quando regressamos. Além disso, como passaremos a maior parte desse tempo juntos, podemos aproveitar para explicar-lhes, com exemplos e jogos, esse e outros conceitos abstratos.

Para as crianças com mais de um ano, desenharemos um calendário em uma folha de papel, onde iremos assinalando os dias conforme forem passando. Explicaremos graficamente nossos planos de viagem e os passeios de cada dia. Pediremos, diariamente, que desenhem os passeios em um caderninho, como se fosse um diário, ou guardem um objeto de lembrança em sua caixinha de tesouros.

Divisão de tarefas

Logo perceberemos que, com crianças, teremos bem poucos momentos livres e, se não nos organizarmos, seremos absorvidos pelas demandas de atenção e cuidado com elas. Para que isso não aconteça, o casal pode estabelecer turnos ou, até, contratar uma babá. Nossos *hobbies* pessoais não devem ficar relegados (embora temporariamente possam estar um pouco esquecidos) e lembra-mos também que já fomos dois antes de sermos três, e que a vida conjugal ainda precisa de muitos mimos e atenções. Arranjemos tempo para namorar!

As crianças também necessitam que suas atividades sejam distribuídas ao longo do dia, já que, por elas, passariam 12 horas dentro da piscina ou no parque de diversões. Procuraremos encontrar o equilíbrio para que regressem das férias tendo feito um pouco de tudo: jogos, explorações, desenhos, passeios, banhos de piscina... desfrutado momentos de relaxamento, com música, dança etc.

Mas devemos tomar cuidado para não esgotá-las logo no primeiro dia! Guardemos alguma das melhores ideias para os últimos dias e voltaremos para casa com um sorriso nos lábios e a sensação de "pena que acabou... quero mais!".

Conhecer outra cultura

Dizem que "aquele que não perde de vista seus limites dificilmente vislumbrará novos horizontes". Essa é a grande máxima de viajar, ou seja, descobrir novas culturas e formas de viver. E mesmo que a criança seja pequena para entender muitas dessas coisas, podemos fazê-la vivenciar, a partir de sua ótica, a mágica experiência do intercâmbio cultural. Nesse sentido, sobretudo em viagens internacionais, encontraremos muitos aspectos interessantes, desde a comida até o idioma, passando pela fisionomia das pessoas, a forma das casas, a música. A atitude dos pais diante da diversidade é muito importante para a formação da personalidade dos filhos. Se desde cedo os ensinarmos a respeitar as diferenças, ajudaremos a fazer do mundo um lugar melhor.

Também entre os viajantes se diz: "Na terra onde estiveres, faz como vires". É disso que devemos lembrar em lugares com costumes sociais muito diferentes dos nossos, para que nosso comportamento ou o de nossos filhos não seja desagradável nem ofensivo. Não chegaremos ao extremo de obrigar nosso pequeno a comer uma refeição típica que o desagrade, mas lembraremos que estamos em um país que nos acolhe, do qual somos hóspedes e, se for o caso, devemos ser educados ao recusar um convite.

Um dos aspectos mais gostosos de viajar com crianças é que muitas portas se abrem, já que despertam interesse e carinho onde quer que estejam. As pessoas vão querer brincar com elas, pegá-las no colo etc. Se percebermos que nosso filho se mostra assustado, procuremos tirá-lo do apuro, mas com jeitinho e sem forçá-lo demasiadamente, o convidaremos a participar do grupo. Se há uma coisa que pais e mães têm em comum, em qualquer lugar do mundo, é esse sentimento de ternura pelos pequenos.

Decálogo para pais viajantes

De férias, mas levantando todos os dias às sete da manhã? Preparando três refeições diárias em um fogãozinho de duas bocas? Trancados no quarto até que a criança acorde da soneca? Pode parecer impossível aguentar as férias com tantas imposições, mas certamente acabaremos encontrando uma forma de essas responsabilidades não estragarem a viagem.

Para nos ajudar, teremos em mente algumas coisas, que jamais devem ser feitas nas férias:

- Acumular tarefas. As responsabilidades devem ser divididas entre o casal.
- Ter pressa. Com calma o tempo tem muito mais sabor.
- Deixar de fazer aquilo que temos vontade. Mesmo com todas as responsabilidades, encontremos tempo para nós mesmos.

- Descuidar da vida conjugal. Reservemos tempo para a intimidade.
- Complicar as situações. Procuremos a solução mais simples para qualquer contratempo.
- Descontar nosso nervosismo nas crianças. Tentemos nos acalmar antes de reagir.
- Desanimar diante dos problemas. Otimismo sempre, e lembrar que nem tudo precisa ser perfeito.
- Brigar. Uma vez que, durante a viagem, afloram muitas diferenças de critérios, busquemos com calma chegar a um consenso.
- Ser rígidos ou flexíveis demais. Encontremos o equilíbrio para que nosso filho, e nós mesmos, nos sintamos confortáveis.
- Esquecer de colocar em nossa bagagem bom humor, paciência e flexibilidade.

Estou pronto!

Preparemos a criança com tempo para que ela se acostume com a ideia de que vamos viajar. Quanto mais expectativas criarmos, mais entusiasmada estará para a aventura, com o cuidado de não sobrecarregá-la com uma ansiedade exagerada, ou a teremos esperando na porta com sua boia duas semanas antes do início das férias.

Pequenos farsantes!

"Cinco minutos após o início do passeio, a pequena Marta parou no meio do caminho e começou a gritar: 'Socorro! Vou morrer! Venham me pegar, não aguento mais de sono!'"

(Sérgio, tio de Marta, três anos)

2. Rumo à diversão

Embora pareça impossível, as crianças também podem ficar entediadas durante as férias. Se isso acontecer, seremos solicitados com tanta insistência que acabaremos pulando corda com elas. Não tenhamos vergonha e nos divertiremos juntos com os inúmeros passatempos que as férias nos oferecem. Veremos que as atividades preferidas serão sempre ao ar livre, na praia, na montanha, na mata; entretanto, será conveniente também preparar algumas brincadeiras para os dias de chuva ou para aqueles momentos em que precisaremos "tirar as pilhas" delas.

Aprender a nadar

Todas as crianças sentem uma atração especial pela água, passam horas chapinhando na praia, na piscina e até na banheira de casa; mas só quando aprenderem a nadar poderão brincar e mergulhar na água,  e ainda assim sob supervisão de um adulto. Nadar, além de ser um ato de preservação da vida, é uma atividade muito salutar que ajudará seu filho a crescer forte e sadio.

Não existe uma idade ideal para aprender a nadar e cada criança fará isso em um momento; é importante que desde pequeno seu filho se habitue a não sentir medo da água (o que não significa não ter respeito). Dentro da água, devemos segurá-lo bem para que se sinta confiante e experimente os próprios movimentos, mantendo sua cabecinha apoiada para que não afunde, já que poderia se assustar e não querer mergulhar nunca mais.

Quando a criança conseguir boiar sozinha e não demonstrar mais medo, poderemos começar a usar boia ou braçadeiras, para que seus movimentos sejam mais livres e possa aprender a nadar.

Os coletes salva-vidas infláveis devem ser reservados para as crianças mais novinhas, uma vez que dificultam os movimentos necessários para aprender a nadar.

Ensinaremos nosso filho a manter o corpo em posição horizontal e a mexer os braços e as pernas de modo sincronizado, para que com o mínimo esforço avance sobre a água. Se não nos sentirmos capazes de ensiná-lo nós mesmos, ou preferirmos passar algumas horas de sossego perto da água, poderemos matriculá-lo em um curso de natação, mas sempre reforçando que o estamos deixando em mãos de profissionais qualificados.

Jogos de praia

Na praia não precisamos ir muito longe para brincar durante horas: água, areia e mil tesouros enterrados deixarão os pequenos maravilhados. Só teremos de acrescentar um pouco de imaginação e, naturalmente, todos aqueles objetos que estivermos dispostos a carregar de um lado para outro: baldes, pás, moldes, ancinhos, peneiras, bolas, esteiras etc. Será preciso impor alguns limites, se não quisermos acabar transformados em carregadores braçais durante as expedições familiares à praia, para no final chegarmos à conclusão de que nosso filho só se interessa mesmo em procurar conchinhas na areia.

Aproveitaremos a tendência natural das crianças de divertir-se com qualquer objeto para propor-lhes que brinquem de procurar galhos, penas, estrelas-do-mar, algas, conchinhas, pedras ou outros objetos que a maré tenha arrastado. Teremos o cuidado de verificar se estão limpos e se não oferecem nenhum risco. E lembraremos de nossa infância e de como gostávamos de construir castelos, cavar buracos ou enterrar-nos de corpo inteiro.

Ideias para brincar na praia

- **Mais de seis meses.** Deixar que a criança passe protetor solar nos adultos. Descobrir os cheiros e a textura dos tesouros da praia. Enterrar o pé ou a mão sob a areia e desenterrá-los de repente.

- **Mais de nove meses.** Recolher conchas e fazer um chocalho ou um móbile para pendurar no guarda-sol. Fazer "biscoitos" usando areia e água, e criar formas geométricas variadas.

- **Mais de um ano.** Demarcar as pegadas de nossos pés na areia molhada. Encher e esvaziar moldes e brincar de cozinhar com o balde e a pazinha.

- **Mais de dois anos.** Criar uma barraca com as toalhas. Enterrar um tesouro e procurá-lo sob a areia. Empinar pipa.

Excursões na natureza

Embora os fãs do ecoturismo talvez devam esperar alguns anos antes de se aventurarem a realizar longas travessias com seus filhos, por enquanto têm ao seu alcance inúmeras opções para realizar passeios um pouco mais simples. Na montanha, no campo e no litoral existem trilhas nas quais é possível apreciar o contato com a natureza e fazer exercícios saudáveis com as crianças. Não é preciso, absolutamente, que o trajeto se transforme em uma via-sacra; devemos escolher percursos adequados à idade e, sobretudo, às capacidades e à personalidade de cada criança. Será importante, então, que naqueles lugares que ainda não conhecemos verifiquemos a distância e a dificuldade do percurso, e também a disponibilidade de água potável, abrigos ou outras instalações. Uma coisa é certa: com crianças o ritmo do passeio vai estar cheio de paradas, brincadeiras e atividades. Só assim será possível chegar ao final. Com os bebezinhos, convém usar o canguru ou o *sling*; por isso, ao decidir-nos pelo trajeto, devemos também considerar a nossa própria capacidade de carregar alguns quilos a mais. O carrinho de passeio de três rodas (*off road*) pode ser uma solução para a maior parte dos terrenos, se as superfícies forem planas e mais ou menos regulares, mas limitará nossos movimentos em desníveis acentuados. Quando as crianças já estiverem andando, será recomendável não nos aventurarmos por trilhas de mais de 3 quilômetros, embora nem por isso nos livremos de carregá-las no colo, de tempos em tempos.

Temos de considerar que, ao realizar exercícios ao ar livre, sobretudo na montanha, convém vestir roupas confortáveis e levar algum agasalho. É muito importante usar calçados adequados, passar protetor solar (fator elevado, se formos à montanha), um boné, levar um pouco de comida e, principalmente, muita água!

Manter o interesse

O tempo é totalmente subjetivo para as crianças, razão pela qual devemos encontrar uma forma de entretê-las, descansar um pouco e continuar andando. Para isso podemos:

- Propor-lhes pequenas metas para ir avançando: procurar uma caverna, encontrar um esquilo, lanchar na próxima estalagem.
- Preencher a caminhada com fantasias e aventuras: podemos fazer de conta que somos eremitas perdidos em uma ilha ou cavaleiros prestes a invadir um castelo.
- Fazer uma pausa para procurar flores, observar os animais, construir uma cabana.
- Escutar os sons da mata: grilos, passarinhos, vento, água etc.
- Adivinhar formas nas nuvens ou no tronco das árvores.
- Contar histórias em que os protagonistas são os animais, as plantas, o vento e o sol.

- Fazer com que se sintam parte importante da expedição, responsabilizando-as por sua própria mochila ou pelo mapa do trajeto.

Andar de bicicleta

Para os amantes dos passeios ao ar livre, a bicicleta é a alternativa ideal, já que graças à cadeirinha ou ao reboque poderemos transportar nosso filho sem precisar carregá-lo nos ombros. Usaremos a cadeirinha quando a criança for suficientemente grande para permanecer sentada e aguentar o peso do capacete. É muito importante proteger-lhe a cabeça (tanto quanto a dos adultos!) e usar sempre o cinto de segurança. O modelo de cadeirinha que mantém braços e pernas protegidos é ideal para evitar arranhões causados por galhos ou plantas com espinhos, e em trilhas sem pavimento procuraremos deixar o assento mais confortável forrando-o com almofadas, blusas ou outros objetos macios. É normal que nas primeiras vezes a criança relute em sentar-se na cadeirinha, pois se sentirá um pouco presa. Mas logo deixará de opor resistência ao descobrir o quanto é divertido passear sobre duas rodas.

O reboque é uma alternativa apropriada para todas as idades (dos três meses aos oito anos). Sentadas ou deitadas, as crianças poderão viajar acompanhadas dos irmãozinhos (alguns reboques comportam duas crianças) e dos brinquedos preferidos. Para os bebês, podemos instalar a cadeirinha do carrinho no interior do reboque, de modo que fiquem à vontade e com mais conforto. Para que não fiquem assustados, permitiremos sempre que consigam ver nossas costas e conversaremos com eles. Às crianças maiores deveremos explicar certas normas de segurança: não colocar os braços para fora, não pular nem se mexer bruscamente e nunca descer do reboque sem nossa permissão ou com a bicicleta em movimento.

Devemos considerar que pedalar carregando uma criança é muito mais cansativo que sozinhos; por isso, se não quisermos chegar ao destino com a língua de fora, será melhor não superestimar nossas capacidades físicas.

Sobre a neve branca

Para as crianças, a neve é mágica, principalmente para aquelas que nasceram em países tropicais ou em regiões litorâneas. Aproveitaremos as férias de inverno para conhecer a neve, deslizar de trenó, fazer bonecos com nariz de cenoura, desenhar com um galho sobre a branca superfície, caçar flocos com a língua e até, por que não, esquiar. Assim que nosso filho se sentir seguro, poderemos iniciá-lo na prática desse esporte. Na maior parte das estações de esqui existem instrutores que ministram cursos de esqui para crianças; caso contrário, poderemos estabelecer turnos entre o casal para que cada um se divirta fazendo uma porção de descidas.

Para viajar a uma estação de esqui teremos de nos equipar com roupas de frio impermeáveis (mas que não impeçam o movimento), luvas, gorro, botas para a neve (ou para a água) e protetor solar. Protegeremos também os olhos da criança com óculos de sol, já que o reflexo da luz sobre a neve pode causar queimaduras.

Hora de dormir: acalmar e relaxar as crianças

Depois de um emocionante dia de férias, depois de pular, correr, escalar, nadar, subir e descer sem descanso, depois de ver tantas coisas novas e escutar tantas histórias, quem será capaz de fazê-las dormir? Felizmente, na maior parte das vezes cairão exaustas na cama, mas em outras estarão tão excitadas que precisarão de nossa ajuda para se acalmar e apreciar o sossego. Sem precisar ligar a TV, poderemos ajudá-las ouvindo música, lendo uma história, dando--lhes um banho morno ou realizando qualquer outra atividade relaxante que estiver ao nosso alcance.

Uma boa massagem. Usando cremes ou óleos corporais, massageamos todo o corpo da criança suavemente. Usando as mãos, pressionaremos ligeiramente sua pele, desenhando movimentos circulares para permitir que os músculos se soltem e deixem sair a tensão acumulada com tanta excitação. As massagens também podem ajudar a aliviar eventuais dores como cólicas ou prisão de ventre (realizando uma leve pressão na região da barriga) ou a induzir o sono (massageando as plantas dos pés).

Ioga para crianças. A ioga é uma técnica de exercícios para o corpo e a mente muito adequada para o relaxamento e o bem-estar de crianças e adultos. A ioga proporciona às crianças maior flexibilidade, coordenação e equilíbrio, melhora a postura corporal, acalma o nervosismo e aumenta a concentração e a autoestima.

O ideal é ter uma aula sobre as diferentes posições que podemos realizar com os pequenos; respirar longa e profundamente enquanto alongamos nosso corpo e o da criança já é por si só muito benéfico. Quando as crianças forem um pouco maiores, poderemos ensiná-las a praticar uma ioga lúdica e divertida, e despertaremos seu entusiasmo com posições de camelo, cobra ou árvore. Utilizaremos algum livro de ioga infantil com ilustrações que nos ajudem a seguir os exercícios e veremos como as crianças adoram copiá-las. Também adorarão a ideia de maquiar-se de acordo com o papel a ser representado. Para conseguir que se acalmem, podemos pegar o ursinho de pelúcia dizendo: "Você vai ganhar um beijinho do Tobi, se não mexer mais os pés, nem as pernas, nem os braços, nem as mãos...".

Um instante a sós. É importante permitir que as crianças fiquem sozinhas de vez em quando, que aprendam a brincar sem a ajuda de estímulos externos. Será então quando poderão acalmar-se, relaxar e, até mesmo, adormecer.

QUANTO FALTA?

Cuidar de nosso planeta

Preservar o meio ambiente é tarefa de todos. Se estivermos passando as férias em meio à natureza, aproveitaremos a oportunidade para ensinar nosso filho a respeitar as plantas e os animais, a tomar cuidado com o fogo e a não deixar lixo na mata. Falaremos que os recursos de nosso planeta são limitados e que, consequentemente, não podem ser desperdiçados, que devemos fechar a torneira enquanto escovamos os dentes, preferir o banho de chuveiro ao de banheira, apagar a luz antes de sair, e que não devemos deixar a TV ligada, quebrar brinquedos, rasgar livros e desperdiçar comida.

Ação!

"Nas férias de verão organizamos a produção de um filme. Preparamos o roteiro, as fantasias, estudamos os papéis e... ação! Desde cenas de índios e caubóis até ataques de piratas, as crianças se divertiram representando, e ainda mais depois, quando assistiam ao filme."
(Lúcia, mãe de Oscar, três anos, e Betina, cinco anos)

3. Companheiros de viagem

Novos amigos

Durante muitos meses as crianças pequenas vivem em um mundo onde só existem elas e seus pais, ninguém mais. É a partir do primeiro ano que começamos a observar que seu interesse pelos demais aumenta e que procuram se relacionar com as crianças de sua idade (embora seja apenas para se apoderar da pazinha e do balde). Não devemos nos preocupar, portanto, se nosso pequeno viajante se instalar para brincar sob o guarda-sol do vizinho, desde que não esteja incomodando. Será divertido observar que não há idioma ou nacionalidade que resista à sua curiosidade.

Muitas vezes é graças a elas que os pais começam a conversar entre si, compartilhando as peripécias de viajar com os filhos e talvez estabelecendo as bases para uma futura relação de amizade entre famílias viajantes. É muito agradável encontrar alguém com quem trocar conselhos e recomendações interessantes (desde o endereço do restaurante que tem *playground* até o lugar onde comprar um bico de mamadeira); e o melhor de tudo é que, uma vez estabelecida a confiança necessária, será possível dividir o cuidado das crianças entre todos.

Se nosso filho for uma criança tímida e com um pouco mais de dificuldade para se relacionar, as férias serão um excelente momento para observarmos detidamente seu comportamento. Algumas vezes ficará um tempão olhando para um grupo de crianças que brincam sem coragem de se aproximar, e pode ser que uma frase nossa ou um convite por parte delas seja suficiente para quebrar o gelo.

QUANTO FALTA?

Brinquedos na mala

Por mais abarrotada que esteja nossa bagagem, sempre haverá um espaço para os brinquedos da criança. Serão seus verdadeiros companheiros de viagem, estarão por perto nas horas de tédio e a ajudarão a se sentir "em casa" mesmo estando centenas de quilômetros longe dela.

Entretanto, quantos e quais brinquedos devemos levar? A resposta será dada por nossa própria experiência e pelo modo de ser de nosso filho, considerando a quantidade de dias que ficaremos fora e o espaço disponível. Evitemos os brinquedos grandes ou muito pesados e permitamos que as crianças escolham alguns de seus favoritos, embora isso pressuponha uma árdua negociação para deixar o mais volumoso em casa. Avaliemos também as diferentes atividades que ocuparão a maior parte de nosso tempo (praia, caminhadas, passeios de bicicleta), a fim de levarmos os objetos pertinentes, e lembremo-nos sempre de que as crianças têm a capacidade de se distrair com qualquer coisa (embora algumas vezes precisem que lhes mostremos como).

Para os deslocamentos, escolheremos brinquedos com os quais possam ficar entretidas um bom tempo e aqueles que estimulem mais a sua imaginação (uma boneca, por exemplo, as transformará em papais e mamães, professores, médicos e cozinheiros). Optaremos também pelo brinquedo "portátil", que pode ser desmontado e transportado com facilidade, que muitas marcas oferecem como brinquedo de viagem. Nos momentos de crise (congestionamentos,

longas esperas etc.), poderemos optar pelos "presentes-surpresa" recomendados por algum amigo viajante: prepararemos pacotes--surpresa contendo um brinquedo novo, um livro de histórias ou alguma lembrança da viagem.

E não nos esqueçamos de que uma sacola cheia de objetos diversos, como escovas de dentes, copos de papel, colheres de plástico, carrinhos miniaturas e outros, também pode ser de grande ajuda.

Pequenos artistas

É uma boa ideia incluir em nossa mala alguns materiais para trabalhos manuais: lápis de cor, papel, cartolinas, aquarelas, pincéis, massinha, cola, tesoura e outros. Longe de casa nem sempre é fácil consegui-los e, além de despertar a criatividade e imaginação dos pequenos, podem ajudar a suportar uma aborrecida tarde de chuva em que tenhamos de ficar trancados no apartamento ou no quarto do hotel. Pediremos que desenhem tudo que lhes vier à cabeça e veremos como surgem aviões, trens, navios, praias e outros elementos da viagem. As crianças se comunicam através de desenhos, representando a realidade que as cerca e conferindo-lhe diferentes significados, trazendo-a para perto de si. Nesse aspecto, desenhar e pintar em ambientes novos pode colaborar para sua adaptação à mudança.

Se estivermos ao ar livre, deixaremos que pintem com os dedos das mãos ou dos pés ou podemos fazer máscaras, bonecos, barquinhos de papel, serpentinas para decorar o quarto e pipas para soltar na praia.

Era uma vez...

As viagens com nosso filho nos oferecerão muitos momentos para os contos de fadas e para que histórias mágicas comecem a fazer parte de seu mundo. Os grandes deslocamentos, especialmente quando não estamos dirigindo, e os momentos de espera são ideais para inventar nossas próprias fábulas ou narrar contos populares.

> **Animais de estimação: fiéis clandestinos**
>
> Podemos levar o cachorro, o canarinho, a tartaruga ou o porquinho-da-índia? Talvez seja um pouco complicado viajar com o animal de estimação, mas, como sempre, a decisão final vai depender da viagem que fizermos e de onde nos instalaremos. Apesar de serem aceitos em vários hotéis e pousadas, em muitos outros lugares a entrada desses animais será negada, daí a necessidade de obtermos informações antes de partir. Se viajarmos de avião ou em outro meio de transporte público, nossos animais de estimação deverão permanecer dentro de uma gaiola adequada. Os animais pequenos podem nos acompanhar na bagagem de mão, obedecendo sempre às normas específicas para transportá-los, assim como às leis que regulamentam a entrada de animais no país a ser visitado. Uma vez no destino, prepararemos um lugar para acomodá-los, tomando cuidado especial com temperaturas extremas e existência de outros animais na região (que poderiam sentir-se ameaçados em seu território). Avaliados todos esses aspectos, se decidirmos que o melhor será deixá-los aos cuidados de algum parente ou amigo, não nos esqueçamos de trazer um bonito presente de agradecimento.

Veremos que, quanto mais longa e mais repetida for a história, mais as crianças gostam! No aparelho de som do automóvel podemos ouvir as histórias em audiolivro e até pode ser bastante divertido preparar nossa própria gravação em casa, acrescentando efeitos sonoros e música à narração.

Não nos esqueçamos também dos livros de histórias. Convém levar alguns dos seus favoritos, especialmente aquele que acompanha nosso filho diariamente na hora de dormir ou de comer; e se viajarmos ao exterior, uma boa ideia é comprar um livro de histórias ilustrado que descreva como vivem as pessoas do lugar.

Cada idade tem seus livros favoritos. Assim, as crianças mais novinhas preferem os de capa grossa, desenhos simples e cores vivas. Os livros de plástico, de tecido ou com diferentes materiais nos quais possam tocar, esticar ou morder farão sua delícia. À medida que forem crescendo, apreciarão mais as histórias com começo, meio e fim e aprenderão, por meio de suas mensagens, que podem comer sozinhas e devem escovar os dentes, por exemplo. A partir dos dois anos, podem ser introduzidos desenhos mais detalhados ou até mesmo histórias com figuras em alto-relevo ou que se movam. E lembremo-nos que os livros para colorir também devem fazer parte da bagagem por serem uma divertida solução durante as viagens.

Vamos cantar...

As crianças amam tudo o que se relaciona à música: cantar, dançar, escutar e tocar instrumentos. Podemos criar uma "trilha sonora" para a viagem, que nos será muito útil durante os monótonos quilômetros da estrada, contendo algumas músicas de nossa preferência, um pouco de música infantil e música de relaxamento para acalmá-lo quando estiver inquieto. Desde ensinar a letra de uma nova música até ouvir o rádio ou batucar um pandeiro, tudo será permitido enquanto nossos ouvidos aguentarem. Outra coisa será quando viajarmos em transporte público, onde será mais

Brinquedos para cada idade

Idade	Capacidades	Brinquedos
De 0 a 12 meses	Exploram todos os sentidos e desenvolvem sua motricidade.	Móbiles de cores vivas, chocalhos, objetos de borracha para manipular, argolas para morder, livros de história em papel cartão, bolas, bonecas de pano, brinquedos sonoros.
De 12 a 18 meses	Descobrem para que servem os objetos e usam os brinquedos para dar vazão ao excesso de vitalidade.	Triciclos, brinquedos de tração, bolas, recipientes para encher e esvaziar, móbiles, carrinhos e caminhões de plástico, bonecos e bichinhos de pelúcia, jogos musicais.
De 18 a 24 meses	Já falam e entendem, e nessa fase começam a descobrir seu ambiente. Escutam com atenção as histórias.	Brinquedos de borracha para a água, blocos grandes de montar, fantoches, jogos de materiais (barro, massinha), bonecos, balanços.

conveniente limitar-nos a descobrir a melodia das cantigas de ninar da vovó.

4. De volta ao lar

O baú das recordações

Não sabemos a partir de que idade a mente começa a armazenar lembranças, nem quais são as experiências que ficarão gravadas na memória; entretanto, se mergulharmos um pouco nela, encontraremos mais de um episódio de nossas primeiras viagens. Do mesmo modo, as vivências que nosso filho experimenta durante essas expedições iniciáticas passarão a fazer parte da pessoa que será no futuro.

Mas não deixemos que todos esses momentos simplesmente caiam no baú das recordações. Registrar as experiências em um diário de viagem ou fazer um álbum de fotografias nos ajudará a resgatar o melhor de cada aventura, além de ser muito útil quando prepararmos a próxima viagem (as pessoas aprendem com os erros).

A arte de elaborar um diário de viagem será muito divertida também para as crianças. Para esse fim, o pequeno terá seu próprio caderninho e diariamente usará uma folha para desenhar as atividades do dia, fará uma colagem com figuras de folhetos turísticos ou postais dos lugares visitados ou usará flores, penas, folhas secas

Mudamos para outro país

Mudar de endereço representa todo um desafio para qualquer família, mas levemos em conta que, quanto menores forem as crianças, mais facilidade terão para se adaptar à mudança.

e qualquer outra lembrança da aventura. Criar uma coleção de tesouros também manterá vivas as lembranças: em uma caixinha, recolher algo especial de cada jornada (o ingresso para entrar no castelo, um adesivo, uma pedrinha do rio...).

Aproveitando até o último momento

Alguns dias antes da volta para casa será conveniente dedicar alguns minutos para pensar se deixamos de lado alguma das atividades que havíamos planejado fazer, especialmente aquelas promessas do tipo: "Durante as férias visitaremos o parque aquático", ou "Vou te ensinar a empinar pipa". Mesmo sendo pequenas, as crianças retêm cada uma dessas promessas e pode ser que mais adiante as cobrem. E se no último dia das férias a pipa ficar enroscada em uma árvore ou o parque aquático estiver fechado, procuraremos outra atividade compensatória e esclareceremos o motivo da mudança.

Agora, está na hora de voltar, e é muito importante preparar a viagem de retorno com a mesma atenção dispensada à partida. A vantagem é que agora conhecemos o itinerário e sabemos com quais

Olha o passarinho!

Um sentimento geral que une todos os pais viajantes é a necessidade de fotografar os filhos em cada cenário que visitam. Antes de partir, convém decidir se levaremos a câmera fotográfica, a filmadora ou ambas (não podemos esquecer que temos apenas duas mãos e que muitas vezes estarão ocupadas com nosso pequeno). Atualmente, os sistemas digitais nos permitem fazer as duas coisas com um mesmo aparelho e disparar dez vezes antes de conseguir a foto que colocaremos no porta-retrato da vovó. Entretanto, por mais lindo que seja nosso filho, temos de lembrar que uma boa foto precisa de luz adequada (evitaremos principalmente reflexos e sombras no rosto), um bom enquadramento e um belo sorriso. O resto é uma questão de prática!

problemas podemos nos deparar. Naturalmente, a emoção não será a mesma, mas faremos um esforço para não estragar as férias no último instante.

Sonhando com a próxima viagem

Terminaram os dias de preguiça, brincadeiras e explorações, refeições no restaurante. As crianças serão as primeiras a perceber essa mudança. Estarão um pouco elétricas e muito mais rebeldes. É compreensível: quem vai querer colocar roupa depois de passar todo o verão em trajes de banho?

Felizmente, logo tudo voltará ao normal; estaremos mergulhados na rotina familiar, com nossas obrigações diárias, nossos hábitos e horários que tornarão a vida com o pequeno muito mais simples...

Será então que, antes de termos guardado as malas, o pequeno nos assaltará de novo com a pergunta: "Papai, mamãe, quanto falta para a próxima viagem?".

Questão de tempo!

"No último dia, com a expressão muito séria, Alex disse: 'Mamãe, quando voltarmos para casa, você promete que não vai trabalhar tanto e vai ter mais tempo para brincar comigo?'"
(Laura, mãe de Alex, três anos)